________________ 님의 소중한 미래를 위해

이 책을 드립니다.

직원이라면
어떻게 일해야 하는가

직원이라면
어떻게 일해야 하는가

경영멘토
김경준의
조직생활 교과서

김경준(딜로이트 컨설팅 대표이사) 지음

원앤원북스

원앤원북스 우리는 책이 독자를 위한 것임을 잊지 않는다.
우리는 독자의 꿈을 사랑하고,
그 꿈이 실현될 수 있는 도구를 세상에 내놓는다.

직원이라면 어떻게 일해야 하는가

초판 1쇄 발행 2015년 1월 28일 | **지은이** 김경준
펴낸곳 ㈜원앤원콘텐츠그룹 | **펴낸이** 강현규 · 박종명 · 정영훈
책임편집 채지혜 | **편집** 봉선미 · 김나윤 · 이예은 · 최윤정
디자인 윤지예 · 임혜영 · 홍경숙 | **마케팅** 박성수 · 서은지 · 김서영
등록번호 제301-2006-001호 | **등록일자** 2013년 5월 24일
주소 100-826 서울시 중구 다산로16길 25, 3층(신당동, 한흥빌딩) | **전화** (02)2234-7117
팩스 (02)2234-1086 | **홈페이지** www.1n1books.com | **이메일** khg0109@1n1books.com
값 14,000원 | ISBN 978-89-6060-399-8 04320 | ISBN 978-89-6060-402-5 04320 (SET)

원앤원북스는 ㈜원앤원콘텐츠그룹의 경제 · 경영 · 자기계발 브랜드입니다.
이 책은 『뛰어난 직원은 분명 따로 있다』의 완전개정판입니다.

이 도서의 국립중앙도서관 출판시도서목록(CIP)은 e-CIP홈페이지(http://www.nl.go.kr/ecip)에서 이용하실 수 있습니다.(CIP제어번호 : CIP2014038293)

일을 바꾸고 진로를 정하는 것은 자신이다.
자신이 있어야 할 곳을 아는 것도 자신이며,
조직에 공헌하는 데 있어서
스스로에게 높은 요구를 부과하는 것도 자신이다.
싫증나지 않도록 예방책을 강구하는 것도 자신이고,
계속적으로 도전하는 것 또한 자신이다.

• 피터 드러커(현대 경영학의 창시자) •

차례

1장

밥벌이로만 생각한다면 미래는 없다

2장

조직에서의 경험은 평생의 자본금이다

3장

평판이 사라지면 당신도 사라진다

4장

좋은 행동보다 좋은 습관이 강력하다

지은이의 말

회사생활은 자기 인생의 CEO가 되는 훈련과정이다

오늘도 많은 사람들이 회사에 간다. 경영자의 입장에서 가는 사람이 있는가 하면, 직원의 입장으로 가는 사람도 있다. 시각을 달리해 보면, 밥벌이의 지겨움에 오늘도 진저리를 치는 사람과 아무런 생각도 없는 사람, 혹은 회사생활을 나름의 꿈을 위한 준비과정으로 생각하는 사람들이 있다. 많은 사람들이 회사에서 하루를 보내지만, 그 하루는 사람마다 같을 수 없다. 그 하루가 모여서 각자의 다른 미래를 만들어낸다.

회사를 다니는 이유 또한 사람마다 다르다. 유학자금을 마련하기 위해서, 경영진으로 성공하기 위해서, 미래의 자기사업을 위한 준비과정으로, 아버지 회사를 물려받기 위한 사회경험을 쌓기 위해서 등 다양하다. 이런 다양한 목표들은 그냥 달성되는 것이 아니다. 직원으로서 자기 몫을 다하고, 미래의 경영자가 되기 위해서는 부단한 노력이 필요하다.

나는 직장에서 성공하기 위한 방법을 터득했다거나, 아니면 내가 이런 식으로 성공했으니 따라 해보라는 식의 허풍을 떨고 싶지 않다. 다만 내가 그 동안 직장인으로 살아오면서 생각해보고, 직간접적으로 느낀 점을 후배들에게 들려주듯이 솔직하게 이야기하고 싶을 뿐이다. 동시에 사회생활 잘하기 위한 기술적 방법보다는 사회생활을 올바르고 의미 있게 해 나가기 위한 기본적 관점에 대한 이야기를 많이 하려고 한다.

내가 이 책에서 하고 싶은 가장 중요한 이야기는 "회사생활을 CEO가 되는 훈련과정으로 생각하라."는 것이다. 여기서 CEO는 회사의 최고경영자가 아니라, 자기 인생의 CEO를 의미한다. '자기 인생의 많은 부분을 자기 자신이 결정할 수 있는 사람'을 나는 '자기 인생의 CEO'로 부르고 싶다. 즉 회사생활을 미래의 자기 꿈을 실현하기 위한 훈련과정으로 생각하라는 것이다.

개인이 가지는 미래의 꿈은 최고경영자, 사업가, 자영업자, 정치인, 평론가, 소설가 등 각양각색이다. 이런 각자의 다양한 꿈을 이루기 위해 기본적으로 요구되는 것은 통찰력이다. 제대로 소화해낸 회사생활은 시장경제와 자본주의 사회에서 기업의 본질, 복잡한 조직의 역학관계, 인간들 간에 발생하는 갈등 등 인간이 살아가는 현실에 대한 본질적 통찰력을 제공한다.

로마시대의 지도자들은 대부분 군대생활을 통해 현실을 보는 눈을 길렀듯이, 현대사회에서 현실을 보는 눈은 회사생활에서 얻어지는 부분이 많다고 생각한다. 사실 회사생활과 같은 현실경험이 일천한 학자들이 의사결정자가 되었을 때, 현실과 동떨어진 감각으로 인해 잘못 결정하는 경우를 많이 본다. 이는 책에서 얻을 수 있는 것과는 분명히 다른 현실적 경험이 부족하기 때문이다.

고대 그리스의 천재적 정치가였던 페리클레스는 역사상 가장 유명한 연설 중 하나에서 다음과 같이 말했다.

"우리는 미美를 사랑하지만 절도 있게 사랑한다. 지知를 존중하지만 탐닉하지 않는다. 부富를 추구하지만 가능성을 유지하기 위함일 뿐, 어리석게도 부를 자랑하기 위함이 아니다. 또한 일신의 가난은 수치로 여기지 않지만, 가난에서 벗어나려는 노력을 게을리 함은 깊이 부끄러워한다."

나는 이를 다음과 같이 바꾸어 말하면서 머리말을 마치고자 한다.

"성공을 추구하지만 가능성을 유지하기 위함일 뿐, 어리석게도 성공을 자랑하기 위함이 아니다. 또한 평범한 오늘 하루의 직장생활을 수치로 여기지 않지만, 안온한 평범함에서 벗어나려는 노력을 게을리 함은 깊이 부끄러워한다."

김경준

1장

밥벌이로만 생각한다면 미래는 없다

1
자본주의 사회에서 살고 있다는 것을 인정하라

자본주의는 입구는 같지만 출구는 다른 시스템이다.
성공을 꿈꾼다면 우리 사회의 게임의 규칙부터 인정하라.

축구나 야구 같은 스포츠를 할 때 규칙을 정확하게 아는 것은 경기를 제대로 하고 상대를 이길 수 있는 출발점이다. 기본적 규칙조차 이해하지 못한 상태에서 어떻게 상대방을 이길 수 있겠는가.

마찬가지로 사회생활 · 조직생활을 성공적으로 하고 싶다면, 사회와 조직에서 약속된 게임의 룰을 이해하는 것이 우선이다. 이것은 너무나 당연한 이야기다. 그러나 많은 사람들이 헷갈리고 있는 경우를 많이 본다. 성공하고 싶다면 이것을 분명히 알아야 한다.

우리가 살아가는 사회는 자본주의 사회다. 자본주의 사회는 사유재산제와 시장경제에 기반한다. 막스 베버의 말처럼 자본주의는 합리적인 이윤 추구를 인정함으로써 존재할 수 있다. 그리고 개인은 직업을 선택할 자유를 가지되, 능력에 따라 보상이 결정된다. 개인에게 기회는 열려 있으나 능력과 성과의 차이는 인정하는 것이다. 분명한 약자로서 공정한 경쟁이 어렵다고 생각되는 장애인, 소년소녀 가장, 노약자 등은 사회복지시스템에서 지원한다. 이것이 우리 사회와 조직의 게임의 규칙이다.

우리 사회에서 성공하고 싶다면, 이런 점들을 분명히 이해하고 받아들이는 것이 출발점이 되어야 한다. 그리고 이런 사회를 만들어 가야 한다. 사회적 약자에게 기회 자체를 제한하고, 강한 자의 비합리적 기득권만 존중되는 사회는 우리가 원하는 사회도 아닐 뿐더러 건전한 자본주의 사회도 아니다.

개인 차원에서 자본주의는 '기회는 공평하게 주어지나, 능력과 성과에 따른 차이는 인정되는 시스템'이라고 이해하는 것이 핵심이다. 개인은 자신의 적성에 맞는 분야에서 기회를 찾고, 그 분야에서 성공하기 위해서 노력한다.

물론 부유한 부모를 만나 여유 있게 성장한 사람들은 남보다 좋은 조건에서 경쟁할 수 있다. 그러나 이런 사람들이 모두 성공하는 것만도 아니고, 어려운 입장에서 태어난 사람이 모두 실패하는 것도 아니다. 누구에게나 성공의 기회가 열려 있다면 공정한 게임의 규칙이 살아있는 것이다.

〈개그콘서트〉란 코미디 프로그램이 오랫동안 인기다. 이 프로그램의 경쟁력은 내부 구성원 간의 철저한 경쟁에서 나온다고 한다. 멤버 전원이 모인 자리에서 새 코너를 선보여 동료들을 웃겨야 공개방송 무대에 오를 수 있다. 간신히 무대에 서도 관객이 외면하면 바로 코너가 없어진다.

누구나 아이디어를 내고 평가받을 기회는 있다. 그러나 경쟁력을 인정받은 코너만 살아남는다. 이 프로그램의 경쟁력은 이처럼 건전한 게임의 법칙이 살아있다는 것에서 나온다.

우리 사회의 기업이나 조직에서 경험을 쌓고 성공하고자 한다면 일단 우리 사회의 게임의 규칙을 인정해야 한다. 만약 당신의 가치관이 '능력에 따른 차이도 인정하기 어렵고, 성과에 상관없이 모든 사람이 똑같이 대우받아야 한다.'는 것이라면 자신의 가치관에 맞게 살면 된다.

하지만 우리 사회에서의 경제활동은 시작하지 않는 것이 좋다고 생각한다. 이는 앞서 말한 바와 같이 게임의 규칙을 이해하지 못하고 경기에서 이기고자 하는 것과 다를 바 없기 때문이다.

자신이 따를 수 없는 규칙을 가진 게임에 참여할 필요는 없다. 이는 그 게임에 참여하는 개인의 실패가 예정되어 있다는 점에서 불행이고, 다른 사람의 건전한 게임 진행을 방해한다는 점에서 더 큰 불행이기 때문이다.

2
인격적 평등과 사회적 분업은 분명히 다른 것이다

인격적 평등과 사회적 분업의 차이를 구분하라.
인간은 사회적 분업관계에서는 동일하지 않다.

1980년대 후반, 증권업이 호황일 때 나는 증권회사에 입사해서 본사 부서에 배치되었다. 앞으로 펼쳐질 사회생활과 배울 업무에 대한 기대가 컸다. 그러나 신입사원인 내게 돌아오는 업무는 서류복사, 박스 나르기 등의 단순작업뿐이었다. 특히 끝없이 계속되는 복사를 하다 보면, 내가 복사점에 취직한 건지 증권사에 취직한 건지가 헷갈릴 정도였다.

몇 달 동안 복사를 하다 보니 지칠 대로 지쳐 도저히 못 견딜 지경이 되었다. 직장에 대한 기대감이 허탈감으로 바뀌면서 나는 '모두 다 평등한 인격을 가지고 공부도 할 만큼 했는데, 왜 나는 상사에게 꾸중까지 들어가면서 복사 같은 단순한 일만 해야 하나. 이것은 불평등하다.'라는 생각이 들기 시작했다.

어느 날 가까운 친구를 만나 이런 생각을 이야기했더니, 친구는 버럭 화를 냈다.

"그런 생각을 할 정도로 철없는 학생 티를 못 벗고 있다면, 당장 회사 그만두고 나가 죽어라. 인격적으로는 사장, 부장, 사원, 심지어 길바닥의 거지도 동등하겠지만, 사회적 분업관계는 절대로 평등할 수 없다. 만약 이것을 착각한다면 너는 사회생활을 계속할 이유가 없다."

나는 이 친구가 말하던 순간을 분명히 기억하며 지금도 감사한다.

학교를 졸업하고 처음 직장생활을 할 때 많은 사람들이 희망과 불안, 기대와 실망이 교차하는 경험을 한다. 나름대로 공부를 마치고 큰 꿈을 가지고 입사한다. 그런데 정작 신입

회사조직 내에서는 각자의 위치에 따라
다른 역할을 수행해야 하는 것이다.

사원에게 돌아오는 업무는 복사, 번역, 박스 나르기 등과 같은 단순한 일이 대부분이기 때문이다. 그리고 이런 일을 계속 하다 보면 직장생활에 회의가 들고, 막연한 일탈을 꿈꾸게 된다. 경우에 따라서는 막연한 일탈의 꿈이 대책 없는 퇴사로 연결되기도 한다.

그러나 다른 직장에 가서도 비슷한 상황은 계속되고, 또 다른 직장을 알아보는 과정이 반복되면서 직장생활에서 소위 '뜨내기'가 되는 경우가 많다. 뜨내기가 된다는 것은 좋은 경험과 경력을 쌓을 수 있는 기회가 줄어든다는 것을 의미한다.

사회생활 초년병이라면 인격적 평등과 사회적 분업관계는 다른 것이라는 점을 분명히 알아야 한다. 인간은 존엄성이라는 측면에서는 동일하지만, 사회적 분업관계에서는 절대로 동일하지 않다. 따라서 회사조직 내에서는 각자의 위치에 따라 다른 역할을 수행해야 하는 것이다.

인격적 평등과 사회적 분업의 차이를 받아들일 수 없다면, 좋은 직원이 되기는 어렵다. 오히려 회사에 해악만 끼치는 사람이 되기 십상이다. 사장과 사원의 역할 차이도 제대로 이해하지 못하는 직원이 회사에 무슨 도움을 주겠는가?

3
믿고 싶어 하는 것과 믿어야 하는 것은 따로 있다

집단적 최면이 아니라 실제 진실을 알아야 한다.
허황된 명분에 속지 말고 현실을 냉철히 인식하라.

우리나라 사람들은 개인의 감정 표현은 비교적 솔직하지만, 대외적 명분과 체면에 있어서는 대단히 이중적이다. 합리적 사고의 전통이 짧아서인지, 대외적인 체면을 깎인다는 것은 개인적으로 커다란 위험을 감수해야 하는 일이다. 그래서 대외적 체면과 관련된 문제는 이중적인 태도를 가질 수밖에 없는 경우를 흔히 본다.

우리 사회가 표면적으로 내세우는 가치와 개인이 실제로 행동하는 가치는 분명히 다르다. 겉으로는 사회 전체가 배

금주의 · 물질만능으로 흘러가는 걸 비난하면서도, 실제로는 재테크 책을 열심히 보면서 돈 벌 궁리에 몰두하는 것이 현실이다.

우리 사회에는 집단 최면처럼 집단적으로 믿고 싶어 하는 것들이 있다. 그러나 실제 개인들이 믿는 것은 다른 진실이다. 다시 말해서 사회는 믿고 싶어 하지만, 개인이 믿어서는 안되는 것들이 많다.

내가 생각하는 집단최면과 실제 진실은 다음과 같다.

최면: 사회나 조직의 갈등의 원인은 다양하다.

진실: 모든 갈등과 분쟁은 결국 돈에서 출발한다. 대외적 명분이 아무리 거창할지라도, 커튼을 젖혀보면 결국 돈 문제다.

최면: 사회나 조직의 갈등은 오해의 산물이다, 대화를 충분히 하고 서로를 이해한다면 갈등을 없앨 수 있다.

진실: 개인과 집단의 욕구는 끝이 없고, 자원은 한정되어 있다.

따라서 갈등은 불가피하다. 대화를 아무리 해본들 목소리 큰 놈이 이기기 십상이다. 모든 사람을 만족시키는 해법은 없다. 단지 갈등해결의 원칙이 합리적으로 설정되고 적용되는지가 중요하다. 갈등해소에는 대화보다 원칙이 우선이다.

최면: 리더 없이도 잘 해낼 수 있다.
진실: 공식적 리더는 없어도 비공식 리더는 생겨난다. 두 사람만 모여도 리더는 있어야 한다. 평등한 조직은 현실 속에 존재하지 않는다.

최면: 누구나 적절한 훈련과 경험을 쌓으면 훌륭한 리더가 될 수 있다.
진실: 큰 리더는 유전적으로 분명히 타고 난다. 조그만 조직의 리더는 노력하면 될 수 있다. 그러나 자질 없는 사람이 리더가 되면 피차 엄청난 스트레스를 각오해야 한다.

최면: 제대로 교육만 받으면, 개인의 이기심보다 집단 전체의

이익을 우선하는 태도를 가질 수 있다.

진실: 인간의 이기심은 몇 백만 년의 진화과정에서 본능으로 자리 잡은 것이다. 어쭙잖은 교육이 이를 바꿀 수는 없다. 좋은 집단이란 개인의 건전한 이기심을 인정하고, 개인과 조직의 이익이 만나는 접점을 합리적으로 찾아내는 곳이다. 사회적 문제의 원인을 막연히 인간의 이기심에서 찾는 사람들은 일종의 위선자들이다.

최면: 성격에 문제가 있는 사람도 시간을 주면 고칠 수 있다.

진실: 기질은 타고 난다. 능력 계발보다는 기질 변화가 훨씬 더 어렵다. 회사는 인간개조를 위해서 존재하는 곳이 아니다. 기질적으로 문제가 있는 사람은 빨리 내보내야 조직이 산다.

최면: 합리적 시스템만 있다면 직장 내 정치는 없앨 수 있다.

진실: 사람 간의 친분관계가 의사결정에 영향을 미치는 것은 당연하다. 시스템으로 이를 없앨 수 없다. 직장 내 정치는 정도의 문제이지, 유무의 문제는 아니다.

여기에서 말한 최면과 진실은 우리 사회와 조직에서 살아오면서 내가 직접 경험하고 느낀 것이다. 우리 사회와 집단은 이중적이다. 개인이 생존하려면 허황된 명분에 속지 말고 현실이 무엇인지를 분명히 알아야 한다.

4

밥벌이로만 생각한다면 미래는 없다

밥벌이만을 위한 밥벌이는 지겹기 짝이 없다.
자기 분야에서 성취하며 밥벌이를 해야 한다.

"밥벌이는 힘들다. 사람의 밥은 사람들 사이의 관계 속에서 굴러다니기 때문에 휴대폰이 없으면 안 되고, 일을 하지 않으면 안 된다. … 대체 왜 이것을 이토록 필사적으로 벌어야 하는가. 하지만 대책이 없다. 아무 도리가 없다. 그렇게 세상이 생겨 먹었기 때문이다. 그렇게 생겨 먹은 세상은 그 자체가 옳지도 않고 그르지도 않다."

소설가 김훈의 말이다.

어릴 때 어른들이 "앞집 아들은 자기 밥벌이를 해서 다행인데, 뒷집 아들은 밥벌이를 못해서 걱정"이라는 말을 나누시던 기억이 난다. 어린 마음에는 '어른이 되어서 밥벌이 하는 게 뭐가 힘들다고 저런 이야기를 하나.'라고 생각했었다.

그런데 내가 어른이 되어 보니, 누구에게나 밥벌이는 만만치 않았다. 돈 많은 부모 만나서 밥벌이 하지 않고도 잘 먹고 잘 사는 '오렌지족'들은 절대로 이해하지 못할 것이다.

먹지 않고도 살 수 있다면 삶은 달라질 수도 있다. 그러나 불행하게도 먹어야 산다. 누가 먹을 것을 가져다주지 않으면, 자기가 벌어야 한다. 이 자체는 옳지도 그르지도 않다. 그냥 세상이 그렇게 생겨먹은 것이다.

밥벌이는 누구에게나 지겹고 힘겹다. 하지만 밥벌이를 대하는 태도는 사람마다 다르다. 밥벌이로만 생각하는 사람은 평생 밥벌이만 한다. 그러나 깨어있고 성취하는 사람은 밥벌이를 통해 자신의 인생을 건져낸다.

동물은 본능에 따라 움직일 뿐 의식을 가지고 있지 않다.

사람은 의식을 가지고 행동하고 일한다. 그리고 이를 통해 자신을 바꾸고 세상을 바꾼다. 밥벌이도 마찬가지다.

먹기 위해 일하는 것이 출발이다. 그러나 먹는 것이 해결되었다고 모든 사람들이 일을 그만 두는 것은 아니다. 계속 일하는 경우가 많다. 일을 통해 개인적 성취를 이루고, 좀더 바람직한 세상을 만들기 위해서다. 이런 과정을 통해 밥벌이는 단순한 밥벌이가 아닌 신성한 노동의 영역으로 올라서는 것이다.

밥벌이는 힘들고 치열하다. 하기 싫다고 거부할 수도 없다. 이 치열함을 거부할 수만 있다면 많은 사람은 거부할지도 모른다. 하지만 거부할 수 없기에 끊임없이 밥벌이를 한다.

그러나 사람들은 밥을 버는 과정에서 변화하고 발전한다. 밥벌이에서 얻은 경험 · 지혜 · 안목 · 사람을 통해서 더 넓은 세상을 접하고, 그 속에서 자신의 가능성을 찾고 키워나간다. 밥벌이에서 자신의 인생을 건져내는 것이다.

평생을 밥벌이로만 살아가는 사람은 일을 통해서 얻는 것

밥벌이는 힘들고 치열하다.
그러나 밥벌이를 대하는 태도는 사람마다 다르다.

이 없다. 그저 하루하루의 밥만 벌면서 인생을 흘려보내고 있을 뿐이다. 하지만 그나마 밥벌이라도 해본 사람은 세상의 어려움을 이해하기라도 한다.

돈 많은 부모 만나 밥벌이 한번 안 해보고 사는 사람은 편한 인생이다. 그러나 이들은 세상을 모른다. 세상이 얼마나 냉정하고 치열한지, 그 냉정하고 치열한 세상을 사람들이 얼마나 진지하게, 때로는 따뜻하게 살아가고 있는지를 모른다. 이들에게 편안한 하루하루의 삶은 있을지 몰라도, 사람으로서 진정한 가치를 찾을 수는 없다. 무가치한 삶이다.

나는 자기 손으로 밥벌이 하는 것을 큰 행복이라고 생각한다. 그리고 밥벌이하는 것에 자부심을 가지라고 말하고 싶다.

많든 적든 자신이 벌어서 처자식을 먹이고, 가족이라는 울타리를 유지하는 것은 '밥벌이의 즐거움'이다. 더불어 밥벌이를 하면서 쌓는 경험으로 앞으로의 더 큰 밥벌이도 꿈꾸어보라. 내가 지금 쓰는 글들도 지금까지 밥벌이 하면서 경험하고 배운 것이다.

누구에게나 밥벌이는 숙명이다. 이것은 옳지도 그르지도 않다. 세상은 그렇게 생겨 먹은 것이다. 그러나 이 밥벌이를 어떻게 하느냐는 개인의 선택이다. 평생을 밥벌이만 하면서 살 것인지 아닌지는 당신의 선택에 달려 있다.

5
경쟁할 자신이 없으면 안주할 곳을 찾아라

대충 먹고살고자 한다면 적당히 안주해도 좋다.
그러나 승리한 사람에 대한 존경심은 가져라.

"세상은 더럽다. 그러나 그 세상을 벗어나는 길은 죽는 것밖에 없다. 그러나 죽을 수는 없는 노릇이니, 죽지 않으려면 먹어야 하고, 먹으려면 그 더러운 세상에 어울려야 한다. 더러운 세상에서 같이 더럽혀지지 않으면 살 수가 없는 것이다."

소설가 김훈이 더럽다고 말한 것은 무슨 뜻인가? 살기 위해 다른 사람과 관계를 맺어야 하고, 경쟁해야 되고, 나 자신의 감정과 본능도 때로는 부정해야 하기 때문이 아닐까?

더러운 세상에 살기 싫으면, 산속에 들어가 혼자 살면 된다. 그러나 혼자 사는 것도 말처럼 쉽지 않다. 경쟁하고 노력해야 하는 더러운 세상이 싫다고 죽을 수도 없고, 혼자 살기도 어렵다면 안주할 곳을 찾아야 한다. 물론 경쟁이 전혀 없고, 노력하지 않아도 밥 먹여 주는 유토피아는 없다. 그러나 경쟁이 심하지 않고, 큰 노력 없이 대충 묻어서 먹고 살 수 있는 곳은 있다.

경쟁할 자신이 없으면, 어떡하든지 이런 곳을 찾아서 먹고 살라고 권하고 싶다. 다만 편하게 먹고 산다면, 당당하게 경쟁해서 승리한 자에 대한 존경심만은 가져라. 경쟁할 자신도 없으면서 승리자의 뒤에서 험담을 하거나, 비열하게 발목을 잡진 말라.

나는 위의 글을 다음과 같이 바꾸어 말하고 싶다.

"세상은 더럽다. 그러나 죽을 수도 없고, 혼자 살 수도 없는 노릇이다. 살려면 먹어야 하는데, 먹으려면 경쟁해야 하고 노력해야 한다. 나는 경쟁할 자신도 없고, 사회생활에 목숨 걸

생각도 별로 없다. 그러니 대충 먹고 살 수 있는 곳을 찾아 조용히 살겠다. 대신 치열하게 살아가는 사람들에 대한 존경심은 가지겠다. 그리고 이들보다 내가 대접 받지 못하고, 풍족하지 못한 삶을 사는 것은 당연하다고 받아들이겠다."

요즘은 기업경영자, 대기업 임원, 일반 직원들도 요즘은 일 년에 몇 십억의 연봉을 받는 경우가 있다. 열심히 노력하고 그만큼의 성과가 있었다면 몇 십억의 연봉은 정당한 것이다. 보상의 절대액수가 문제가 아니다. 그런데 이런 것들을 문제 삼는 사람들이 있다.

이런 당연한 것을 문제 삼는 사람들이 정말 문제 있는 사람들이다. 몇 백억의 성과를 내고 몇 십억의 보상을 받는 것이 뭐가 문제인가? 오히려 몇 십만 원 어치의 일도 하지 않으면서 몇 백만 원을 받아가는 사람들이 정말 문제가 된다.

사람에 따라 경쟁이 싫고 자유롭게 살고 싶다면 그런 직장을 찾아가면 된다. 그런 직장을 필사적으로 찾아라. 그리고 자기 편한 대로 살아라. 이것은 개인의 선택 문제다.

그러나 당당히 경쟁하면서 사는 사람들에게 뒤에서 돌을 던지지는 말라. 오히려 이들에 대한 존경심을 가져라. 그리고 이들이 대접받고 잘사는 것을 당연하게 생각하라. 그래야 세상은 공평한 것 아니겠는가.

6
회사생활을 개인 비즈니스로 파악하라

자신의 가치를 회사에 판다고 생각하라.
조직이 나를 버릴 수 없도록 나의 가치를 높여라.

요즘 회사를 다니면서 평생직장을 기대하는 사람은 없다. 몇 차례의 경제위기를 겪으면서 회사나 개인이나 모두 직장에 대한 생각이 바뀌었기 때문이다. 아직 평생직장을 바라 볼 수 있는 회사를 다니는 사람들은 복 받은 사람이다. 그러나 대부분의 사람들은 그렇지 않다. 회사가 주는 안정감이 없어졌는데, 그렇다면 과연 무엇으로 회사를 다녀야 할까?

회사를 다니는 이유는 돈과 경험, 이 2가지 때문이다. 돈을 많이 받고, 좋은 경험도 한다면 금상첨화다. 돈이 적어도 좋은 경험을 해서, 나중에 돈 많이 받을 가능성을 높인다면 젊은 사람들에게는 의미가 있는 직장이다. 좋은 경험을 할 수 없다면 돈이라도 많이 받아야 한다. 돈과 경험이 모두 적은 직장은 말 그대로 입에 풀칠하기 위해서 다니는 것이다.

사업이나 투자를 하는 경우에도 이런 2가지 관점에서 업종을 선택한다. 당장 돈을 많이 벌 수 있거나, 업종의 전망이 좋아 나중에 돈을 많이 벌 수 있는 가능성이 큰 경우다. 직장생활을 개인사업자와 같은 관점에서 보면, 결국 '현재의 돈'과 '미래의 가능성'이라는 점은 동일한 것이다.

나이 들어 어쩔 수 없는 40대 중반 이후라면, '돈이냐 경험이냐'를 놓고 선택할 수 있는 여지가 별로 없다. 그러나 아직 30대라면, 현재의 돈과 미래의 가능성을 잘 생각하고 입장을 정할 필요가 있다.

이런 관점에서 회사생활을 개인 비즈니스로 파악해야 한다. 현재의 돈과 미래의 가능성을 극대화하기 위한 개인 비즈

자기분야에서의 끊임없는 노력으로
소위 전문가가 되어야 한다.

니스로 회사생활에 접근하라는 것이다.

현재 충분한 능력이 있는데 돈이 적다면, 돈을 더 요구하거나 회사를 옮겨라. 능력이 부족하다면, 현재의 직장에서 좋은 경험을 할 수 있는 기회를 찾아라. 부서 이동이나 근무지 변경 등의 방법이 있을 것이다. 능력에 비해서 돈을 많이 받는다면 딴생각하지 말고, 회사에서 그만두라고 할 때까지 악착같이 다녀야 한다.

회사생활을 개인 비즈니스로 파악하라는 것은 자신의 가치를 회사에 판다고 생각하라는 것이다. 자신의 가치보다 낮은 가격에 팔아서는 안 된다. 그러나 자신의 가치보다 비싸게 팔 수 있다면 개인에게는 좋은 일이다.

동시에 비즈니스는 언제나 깨질 수 있다. 회사가 나를 버렸다고 배신 운운하는 것은 시대착오적이다. 직원이 사표를 냈을 때 회사가 직원을 배신자라고 비난하는 것도 마찬가지로 시대착오다. 비즈니스에는 상호이익이 우선이기 때문이다. 미래를 내다보고 일시적 손실은 감수할 수 있어도 장기적 손실을 감수할 비즈니스 파트너는 없다.

비즈니스에서는 항상 자신만의 고유한 제품이나 서비스로 고객에게 가치를 제공하려 한다. 마찬가지로 개인도, 회사에 대해서 자신만의 가치와 서비스로 회사에 가치를 제공하려고 해야 한다. 나를 고용하는 것이 회사에 이익이 되어야 하는 것이다. 그러기 위해서는 자기분야에서의 끊임없는 노력으로 소위 전문가가 되어야 한다. 조직에게 나를 돌보아달라고 요구하기 전에, 조직이 나를 버릴 수 없도록 나의 가치를 높이는 것이 진정한 전문가다.

만약 회사가 자신의 가치를 인정하지 않으면 이를 인정해주는 회사로 옮기면 된다. 옮기기 어렵다면 당분간 기다리거나, 창업해 자신의 가치를 활용하거나, 자신에 대한 평가가 제대로 된 것인지 반문해보면 된다.

회사생활을 시간만 보내면 월급 주는 식의 단순한 샐러리맨 관점에서 보던 시대는 지났다. 자신의 가치와 능력을 회사에 판매하는 비즈니스 관계로 파악해야 된다.

비즈니스 관계의 핵심은 상호이익이다. 비즈니스에서는 일방적인 짝사랑은 없다. 자신의 진정한 가치를 몰라주는 회사를 짝사랑하지 말라. 자신을 알아주는 다른 사랑을 찾아 뒤도 돌아보지 말고 떠나라. 마찬가지로 쓸모없는 나를 짝사랑해 달라고 회사에 응석부리는 것도 올바른 비즈니스는 아니다.

7
자기 인생의 CEO가 되어라

자신의 인생의 책임을 지고 경영하라.
자신이 경영하고 결정하고 책임져야 한다.

CEO는 기업의 경영자다. 단순한 경영자가 아니라 최고경영자다. CEO는 결정하는 사람이자 책임을 지는 사람이다. 그렇다면 자신 인생의 CEO는 누가 되어야 하는가? 당연히 자기 자신이 되어야 한다. 자신이 경영하고 결정하고 책임지는 것이다.

그러나 모든 사람이 자신 인생의 CEO가 되는 것은 아니다. 자신의 삶에 대한 건전한 욕망이 상실되었거나, 삶에 대한 진지한 태도를 가지기에는 너무 지쳐버렸거나, 타인에 대한 적개심이 너무 커서 자신의 인생을 보듬어줄 여유가 없을 수도 있다. 그러나 이유를 막론하고, 자신의 인생을 남에게 경영하게 하고서는 도저히 삶의 의미를 찾을 수 없다.

기업의 CEO가 아무나 되는 것이 아닌 것처럼, 자기 인생의 CEO도 그냥 되는 것이 아니다. 자신이 처한 환경, 헤쳐 나가야 할 현실을 정확히 파악하는 것이 출발점이다.

세상을 보는 자신의 관점을 가지고 있어야 한다. 그리고 현실에 기반한 자신의 전략이 있어야 한다. 전략을 실천해 나갈 의지와 노력이 따라야 한다.

외부환경을 나름대로 이해하는 것이 출발점이다. 사회변화를 막연히 남들이 말하는 대로, 신문에서 떠드는 대로 별 생각 없이 받아들인다면 문제가 있다. 세련되지 않아도 좋다. 자신의 관점으로 세상을 바라보는 노력을 해야 한다. 그래야 자기 논리가 생긴다.

크게든 작게든 성공한 사람들은 자신의 관점에서 세상을

해석할 줄 안다. 환경변화가 단순한 뉴스가 아니라 자신에게 미칠 구체적 영향을 계산할 줄 아는 사람들이다.

외부환경을 이해했다면, 자신의 내부적 역량을 냉정히 평가해야 한다. 현재 가지고 있는 잠재력, 가능성, 특성, 장점, 단점을 객관적으로 볼 필요가 있다. 자신의 꿈을 실현하기 위해 현재 부족한 것이 있다면, 부족함을 보완할 수 있는 방법을 찾아야 한다.

꿈은 큰 반면 역량이 도저히 못 미친다면 일단 꿈의 크기를 줄여라. 꿈을 포기하라는 것이 아니다. 현실적으로 실현가능한 범위를 설정하고, 이를 달성하기 위한 역량을 보완하기 위해 노력하라는 것이다.

내부적 역량을 이해한 후에는 현실에 기반한 자신의 전략을 가져라. 전략컨설팅의 세계적 대가인 마이클 포터에 따르면, 전략은 한 마디로 차별화다. 남과 차별화된 나만의 생존공간을 확보하는 것이다. 달리 말하면 남보다 잘할 수 있는 분야를 찾아서 남보다 앞서기 위해 노력하는 것이다.

남보다 잘한다는 것이 꼭 1등을 의미하지는 않는다. 일반적인 기준에서 자신에게 경쟁력이 있으면 된다. 흔히 '정말 하고 싶은 일'을 찾아서 하라고 한다. 백번 옳은 말이다. 그러나 대개의 사람들은 목숨을 걸더라도 꼭 하고 싶을 정도로 절박한 일은 없는 경우가 많다. 남보다 관심이 많고, 남보다 잘할 수 있는 분야를 찾아서 열심히 하면 된다.

마지막으로 전략을 실천해 나갈 의지와 노력을 하라. 남보다 잘할 수 있는 분야를 찾았으면, 실제로 남보다 잘해야 한다. 잘하기 위해서는 의지와 노력이 따라야 한다.

능력이 있더라도 의지와 노력이 부족하면 남보다 잘할 수 없다. 즉 전략에 구체성을 부여하는 것은 개인의 의지와 노력이다.

자신 인생의 CEO가 되라는 것은, 자신의 인생에 책임을 지고 경영하라는 말에 다름 아니다. 기업의 CEO가 남의 눈으로 세상을 보고, 자기 회사의 역량을 과대평가하고, 비현실적인 전략을 전개하고 있다면, 회사는 망하기 십상이다.

마찬가지로 자신 인생을 성공적으로 경영하기 위해서는 세상을 보는 자기 관점을 가지고, 자신의 역량을 냉정하게 이해하고, 현실적인 개인전략을 염두에 두고 노력해야 한다.

8
경영전략을 벤치마킹해서 개인전략을 세워라

//

성공하려면 3C의 개인전략이 필요하다.
잘할 수 있는 것이 무엇인지 고민해보라.

기업경영에서 1990년대를 기점으로 전략의 시대가 도래했다. 글로벌시장의 통합에 정보혁명이 겹쳐 기업생존을 위한 미래방향성 정립이 시급한 과제로 부상한 분위기에서 전략컨설팅 사업도 급성장했다. 이제는 개인도 성공하기 위해서는 전략을 세워야 한다. 그렇다면 전략의 기본개념은 무엇일까?

저명한 전략전문가인 브루스 핸더슨은 전략의 본질은 생물이 진화하면서 변종variety 이 출현한 이유를 생각해보면 알 수 있다고 했다. 생물은 살아남기 위해 진화과정에서 남보다 잘할 수 있는 것을 집중적으로 발전시켰다. 그 결과 100만 종이 넘는 변종이 나타나면서 지구는 다양한 생물로 뒤덮일 수 있었다. 생물들은 남보다 더 빠르거나, 더 멀리 보거나, 더 힘이 센 쪽으로 특화시킴으로써 살아남았던 것이다.

사람들도 마찬가지다. 남보다 잘할 수 있는 영역을 찾아서 집중적으로 발전시키는 것이 바로 전략의 본질이다. 즉 자신만의 생존공간을 만들어가는 것이다. 이는 지구상에 호랑이, 사자, 코끼리와 같은 힘센 동물도 살지만 토끼, 생쥐, 곤충 같은 작은 생물들도 나름대로 살아가는 것과 동일한 이치다.

전략은 자신만의 생존공간을 찾아가는 과정이라는 점에서 생물의 진화와 동일하다. 전략이 진화와 다른 점은 사람은 스스로 계획해서 진화에 걸리는 시간을 단축한다는 것이다.

올바른 전략이 좋은 결과를 가져온 사례를 보자. 로자베스 모스 캔터 하버드대학교 경영대학원 교수는 주로 글로벌 경제 아래에서의 전략경영을 연구해 왔다. 캔터는 글로벌 경제

속에서 급성장한 국제도시와 기업들을 분석하면서 '3C'라는 3가지 전략방향을 제안했다.

3C란 발상Concept과 기량Competence, 연계망Connections의 영문 첫 글자를 딴 것이다. '발상'은 지식과 아이디어, '기량'은 아이디어를 활용할 수 있는 기술과 힘, '연계망'은 주변과 네트워킹 할 수 있는 능력을 의미한다.

미국의 보스턴은 연구개발 거점도시로 특화(발상 중심 전략)해서 성공했다. 주민의 교육수준이 높고 쾌적한 생활환경이라는 강점을 살린 것이다. 사우스캐롤라이나는 생산거점으로 특화(기량 중심 전략)해서 성공했다. 풍부한 노동력과 돈을 활용한 것이다. 플로리다의 마이애미는 중남미 출신들이 집중되어 있는 점을 활용해 중남미와 연계한 교역의 거점도시(연계망 중심 전략)로 성공했다.

이러한 3C의 전략유형은 개인에게도 적용할 수 있다. 발상이 강한 개인은 창의적인 아이디어가 잘 나오고, 새로운 개념을 잘 받아들이는 사람이다. 기량이 강한 개인은 구체적 사물

남보다 잘할 수 있는 영역을 찾아서
집중적으로 발전시키는 것이 바로 전략의 본질이다.

에 관심이 많으면서 실질적 문제해결 능력이 있는 사람들이다. 연계망이 강한 개인은 인맥을 잘 만들고 활용하는 사람들이다.

개인에 따라 3C에서 말하는 3가지의 능력을 모두 보유할 수도 있겠지만, 대부분 3가지 중 하나의 유형에 속한다. 발상이 강한 사람들은 기획, 연구개발, 마케팅, 컨설팅 등의 업무가 맞을 것이다. 기량이 강한 사람은 관리, 회계 및 현장 업무가 적당할 것이다. 연계에 강한 사람은 세일즈, 홍보 등의 업무가 적당하다. 가령 헤드헌팅 사업은 전형적인 연계망 비즈니스다.

직접 부딪쳐 보지 않고는 자신의 진정한 강점을 정확히 알기 어렵다. 따라서 대개는 사회생활이나 조직생활과 부딪치면서 자신의 강점을 이해하기 시작한다. 사회생활을 하면서 자신의 강점을 부단히 찾고, 강점의 유형을 생각해보라. 주변에 자신의 영역에서 성공한 사람들이 있으면, 만나서 성공요인을 파악해보라. 그러면서 자신의 전략방향을 잡아보라.

개인전략이라고 해서 거창하게 생각할 필요는 없다. 전략은 자신만의 공간을 찾아가는 과정으로 이해하면 충분하다. 현실에 대한 정확한 이해의 바탕 위에 자신만의 생존공간을 모색하는 것이 곧 개인전략이다. 막연하게 앞날을 고민하기보다 전략이라는 관점에서 자신을 바라보는 것이 중요하다. 다음의 지침들을 명심하자.

- 자신이 하고 싶은 것이 아니라, 잘할 수 있는 것이 무엇인지 고민해보자.
- 잘할 수 있다는 것의 개념은 남보다 잘할 수 있는 것이다.
- 3C 전략은 유용한 관점을 제공한다.
- 전략의 목표는 꼭 1등을 하는 것이 아니라, 자신만의 생존공간을 찾는 것이다.
- 사회생활 초기부터 개인전략을 지나치게 고민할 필요는 없다. 30대 중반까지는 폭넓은 경험이 우선이다.

9
CASH는 KASH다

성공은 지식, 태도, 기술, 습관의 네 기둥 위에 있다.
그 중에서도 좋은 태도 없이는 결코 성공할 수 없다.

사회생활에서 개인의 성공 방정식은 다음과 같이 나타낼 수 있다.

'CASH = KASH = Knowledge(지식)×Attitude(태도)×Skill(기술)×Habit(습관)'

CASH(돈)를 벌기 위해서는 KASH의 4가지를 갖추어야 한다는 뜻이다. 개인의 경쟁력은 이러한 4가지 요소로 이루어져 있고, 이것이 균형 잡혀 있어야 성공할 수 있다. 4가지를 크게 분류하면 '지식과 기술', 그리고 '태도와 습관'이라는 2개의 그룹으로 묶여진다.

지식과 기술은 뛰어나지만 태도와 습관이 나쁜 사람은, 실력은 있지만 같이 일하기 어려운 사람이다. 소위 '왕따'가 되기 쉬운 사람이다. 반면 태도와 습관은 훌륭한데 지식과 기술이 떨어지는 사람은, 인간성은 좋지만 실제 업무에 도움이 되지 않는 사람이다. 2가지 유형 모두 문제가 있다. 4가지 요소가 전부 충족되어야만 주어진 역할을 잘할 수 있다.

지식과 기술보다 중요한 것은 태도와 습관이다. 태도와 습관이 좋은 사람에게 시간을 주면 부족한 지식과 기술은 보통 습득하기 마련이다. 능력이 부족해서 배우지 못했다면, 부족한 부분을 도와줄 사람이라도 찾아낸다. 즉 지식과 기술은 시간을 주면 보완하는 경우가 많다. 그러나 태도와 습관이 잘못된 경우는 대책이 없는 경우가 많다. 태도와 습관은 쉽게 고쳐지지 않기 때문이다.

특히 태도와 습관에 문제가 있는 사람은 중견급 이상이 되어도 리더십이 생기지 않는다. 아랫사람이 따르지 않는 것이다. 지식과 기술은 아랫사람이 보완해줄 수 있어도, 태도와 습관을 누군가가 보완해주기란 불가능하다. 태도가 좋지 않은 부하직원도 골치 아프지만, 태도가 나쁜 상사를 따를 사람은 더욱 골치가 아프다.

4가지를 구분해서 다시 생각해보자. 지식이 부족하다면, 전체적으로 문제를 파악하고 해결책을 제시할 수 있는 능력이 없다는 이야기다. 그러면 단순한 기능공에 머물 수밖에 없다. 기술이 부족하다면, 구체적 사안을 다룰 수 없다. 태도가 나쁘다면, 함께 일하기 어렵고 신뢰도 받지 못한다. 혼자 일해야 하는 유형이다. 습관이 좋지 않아도 신뢰를 얻기 어렵다.

4가지 중 가장 중요한 한 가지를 꼽으라면 나는 '태도'를 선택한다. 태도가 가장 바꾸기 어렵기 때문이다. 그리고 다른 것은 몰라도 좋은 태도 없이는 결코 성공할 수 없다. 보험 세일즈에서도 태도의 중요성을 다음과 같이 강조하고 있다.

"경험 없이도 성공할 수 있습니다. 어떤 사람은 시작 첫날에 성공합니다. 능력이 부족해도 성공할 수 있습니다. 남보다 열심히 일하면 됩니다. 지식이 부족해도 성공할 수 있습니다. 필요한 단순한 지식으로 해결할 수 있습니다. 그러나 올바른 태도 없이는 성공할 수 없습니다. 사람들을 대할 때 적합한 자질이 없다면 성공할 수 없습니다."

2장

조직에서의 경험은 평생의 자본금이다

10
하는 일을 통해서 배우는 것은 기본이다

막연하게 여기저기 기웃거리면서 공부하지 말라.
자기 업무에서 못 배우면 다른 곳에서 배울 것도 없다

예나 지금이나 큰 부담인 입시준비는 학생에 따라 제각각이다. 학생 중에는 영어시간에 수학공부를 하고, 과학시간에 국어공부를 하는 식으로 수업과는 별개로 혼자서 공부하는 유형이 있다. 나름대로 소신을 가지고 정규수업과 별개로 공부하는 것이지만, 이런 학생들치고 시험에서 좋은 결과를 낳는 경우는 드물다.

회사생활에서도 이런 유형이 있다. 지금의 업무에 집중하지 않고, 계속 다른 데서 관심사를 찾는 것이다. 현재 업무파악은 못해도, 주식시장 정보는 모르는 것이 없는 유형이다. 또는 대학원, 경영자과정, 전문학원을 열심히 다니고 공부하면서도 정작 자기 업무에서는 제대로 배우지 못하는 사람들이다.

이런 유형의 사람들에게서 자주 듣는 말이 "비전이 없다. 전망이 없다."는 것이다. 현재 하는 일이 '비전이 없어서 특별히 관심 기울일 가치가 없다. 따라서 나는 다른 영역에서 가능성을 찾는다.'는 뜻이다. 그러나 내가 보기에 이는 '현재 업무에 만족하지 못한다. 그래서 이것저것 배우러 다닌다. 그러나 내가 하고 싶은 것이 무엇인지는 막연하다.' 정도로 해석된다.

일단 학교를 떠나 사회로 나오면, 하는 일을 통해서 배우는 것이 기본이 되어야 한다. 사회에서 배우고 쌓아가는 것은, 일을 통해서 얻는 생생한 경험과 신뢰할 수 있는 사람이다.

물론 사회에 나와서도 책 읽고 공부하는 것은 여전히 중요하다. 그러나 현재 상황에 대한 막연한 불만이 원인이 되어,

그저 여기저기 기웃거리면서 공부만 하려는 것이 문제라는 것이다.

하는 일이 무엇이건 간에 정확히 배운다면 언젠가는 도움이 된다. 나의 경험도 그렇다. 나는 증권회사 지점에 근무한 경험이 있다. 솔직히 고백하자면 증권사 업무를 통해서는 상대적으로 배울 것이 적다고 느꼈던 시절이다.

그러나 지금 생각해보면, 그때야말로 내게 소중한 경험이 되었다. 먼저 영업의 최전선에서 어떤 일이 일어나는지 알 수 있었다. 주식투자에서 소위 대중Mass을 몸소 체험한 기회였다. 그리고 돈 앞에서 사람들이 보이는 행태는 나에게 세상을 똑바로 이해시켜 주었다.

현실에 대한 막연한 불만을 막연한 배움으로 해소하려 하지 말라. 사회생활은 학생 때와는 다르다. 배움 자체가 목적이 아니라, 배워서 무엇을 하려는지가 중요하다. 배우러 다니기 이전에 무엇을 위해 배우는지 명확히 해야 한다.

불만족스러운 현실에 대한 막연한 도피로 이것저것 배우면서 정작 자기가 하는 일에서 배우는 것이 없다면, 사실 아무것도 배우지 못하고 있는 것이다.

오늘 하루 하고 있는 일에서 배우고 경험하는 것이 진정한 배움의 출발이다. 그리고 자신의 일에서 배우는 것은, 남이 가르쳐준 것이 아닌 진정한 자신만의 것이 된다.

11
조직에서의 경험은 평생의 자본금이다

가능하면 역동적인 조직에서 경험을 가져라.
중요한 것은 미래 역동성이지 현재 규모가 아니다.

직장생활을 시작하면서 첫 직장을 평생 다니겠다고 생각하는 사람은 아마 별로 없을 것이다. 개인의 형편에 따라 평생 다닐 수도 있고, 다른 직장으로 옮길 수도 있으며, 자기 사업을 시작할 수도 있다. 중요한 것은 첫 직장에서 어떤 경험을 하느냐다.

매사가 처음이 중요하듯이 첫 직장에서 보고 배운 것은 평생을 간다. 소위 백지에 그림을 그리듯이, 첫 직장의 경험이 개인의 의식에 그림을 그린다. 따라서 첫 직장에서 배운 문화와 태도가 알게 모르게 의식 속으로 배어드는 것이다.

가능하면 첫 직장은 크든 작든 역동적인 조직에서 시작하는 것이 좋다. 처음부터 편한 직장에서 여유 있게 지내는 것에 익숙해져 평생을 그렇게 보낼 수 있으면 무방하지만, 불행히도 현실은 그렇지 않다. 젊은 시절에 가장 중요한 것은 돈이 아니라 경험이다. 조직의 크기와 상관없이 다채롭고 폭 넓은 경험을 할 수 있는 곳이 우선이 되어야 한다.

큰 조직의 장점은 업무가 전문화되어 있기 때문에 한 분야에서 깊은 지식을 쌓기가 쉽고, 상대적으로 많은 사람을 만나면서 인맥을 쌓을 수 있다. 또한 큰 조직은 사업의 규모도 크기 때문에 개인에게도 기회가 있고, 후일 경력을 인정받기도 용이하다.

반면 작은 조직은 처음부터 여러 가지 업무를 처리해야 하기 때문에 혼란스러운 측면은 있어도 단기간에 다양한 경험을 쌓을 수 있다. 특히 정보혁명과 융합산업의 등장으로 산업의 변동성이 높아지면서 단기간에 급성장하는 사례가 많아졌

큰 조직에서의 경험은

나중에 무엇을 하든 평생의 자본금이 된다.

기 때문에 현재 규모가 작다고 해서 폄하할 필요는 없다.

우리나라의 네이버, 넥슨, 다음카카오는 물론 글로벌 리더인 구글, 애플, 알리바바, 아마존 등도 불과 10여 년 전에는 소규모 벤처기업이었다. 중요한 것은 조직의 미래 역동성이지 현재 규모가 아니다.

개인차원에서는 조직에서의 경험을 통해 조직 내 역학관계, 사람 간의 갈등, 갈등해소 과정 등을 이해할 수 있다. 이 같은 조직의 속성을 이해하지 못하면, 나중에 무슨 일을 하건 사람을 다루고 관리하는 데 어려움을 겪기 마련이다.

큰 조직의 경험을 피상적으로 하면 형식적인 분업관점에 매몰되어 개인차원에서도 역동성과 유연성을 상실해, 문제를 해결하기보다는 문제의 책임소재만 따지고 드는 부정적 관료주의의 특성을 나타내는 경우를 흔히 본다.

반면 체계가 부족한 작은 조직의 경험만 가진 사람들은 회사생활을 대학시절 '동아리 생활'처럼 대하는 경우가 많다. 매사를 인간관계로만 파악하고, 조직 내 갈등 구조와 원인을 잘 이해하지 못한다. 또한 회사 내 분업관계와 조직 내 갈등의 경제적 · 정치적 배경을 제대로 이해하지 못한다. 이런 사람들만 모인 벤처기업을 보면, 분위기는 좋지만 의사결정이 늦고, 추진력도 떨어지는 경우가 많다.

처음 직장을 잡을 때 봉급 차이는 웬만하면 무시하라. 내가 취업할 때는 "어차피 월급쟁이인데 같은 값이면 월급 10만 원이라도 더 주는 데 가자."라는 말을 흔히 하곤 했다. 그러나 지금 생각해보면 철없는 아이들의 헛소리였다.

연봉 기백만 원은 나중에 얼마든지 더 벌 수 있다. 중요한 것은 '사회경력의 시작을 어떻게 하느냐'였다. 실제로 당시 별 생각 없이 월급 조금 더 주는 회사에 아무 생각 없이 입사한 경우보다는, 당장의 월급이 설사 적어도 좋은 경험을 할 수 있는 회사를 택한 경우가 더욱 큰 가능성을 가질 수 있었던 점은 분명하다.

큰 조직에서의 경험은 나중에 무엇을 하든 평생의 자본금이 된다. 가능하면 역동성이 높은 조직에서 직장생활을 시작하라. 월급쟁이라고 모두 똑같은 경험을 하는 것은 아님을 명심하라.

12
몸담은 회사와 사업의 본질을 철저히 이해하라

사업의 본질을 이해하지 못하는 사람이 의외로 많다.
사업의 본질에 대한 자신만의 관점이 있어야 한다.

컨설팅을 하다 보면 다양한 회사와 업종을 접할 기회가 많다. 다양한 업종을 접하기는 하지만 아무래도 한 분야에서 오래 일한 사람보다 특정한 업종을 잘 알지는 못한다. 그러나 컨설턴트는 비교적 짧은 기간에 업종의 특성을 파악하고 컨설팅을 진행한다.

인터뷰에서 사람들을 만나다 보면, 자신의 경험과 비교해 컨설턴트의 경험이 적기 때문에 다음과 같은 태도를 보이는 사람들이 흔하다. '나는 이 업종에 20년 이상 근무했다. 그런

데 접한 지 불과 한 달도 안 된 너희들이 무엇을 알겠는가?'

이럴 경우 나는 다음과 같이 말한다. "당신의 경험은 가치가 있다. 그러나 세세한 업무를 안다는 것과 업종의 본질을 이해하는 것은 다르다. 10년을 근무해도 자신의 회사가 무엇을 하는 회사인지 모르는 경우도 많이 보았다. 단 1년을 근무해도 회사와 사업의 본질을 이해하는 사람들이 있다. 몸담은 기간이 길다고 사업을 이해하는 것은 아니다."

인터뷰를 해보면, 의외로 자신의 회사와 사업을 정확하게 이해하지 못하고 있는 경우를 흔히 본다. 처리하고 있는 실무적인 업무는 세세히 알고 있지만, 실제 사업의 본질에 대한 고민을 해보지 않은 것이다. 그리고 이런 문제는 경영진이 고민할 문제라고 치부해버린다.

그러나 중간관리자급 이상이 되면 전체적인 시각을 가져야 한다. 전체적 시각은 올바른 의사결정을 위해서도 필요하지만, 경영자가 되기 위한 사고의 훈련과정으로서도 필요하다. 나아가 회사를 떠나 자기 사업을 준비하기 위해서도 사업을 보는 시각은 필요하다. 자신이 몸담은 회사가 하는 사업의 본질에 대해 정확하게 이해해야 한다.

이것은 소위 업業의 개념에 대해 삼성에서 10여 년 전에 많이 이야기한 것과 같은 맥락이다. 당시 삼성의 가전부문 과장이 패션쇼를 구경할 것을 권장하기도 했다. 가전제품을 판매하려면 디자인, 색상을 포함해서 적어도 전체 제품 개념의 80%는 이해해야 올바른 의사결정을 할 수 있다는 뜻에서다.

내가 몸담고 있는 컨설팅 사업의 본질은 '경험 판매자'다. 앞선 기업들의 경험을 체계적으로 판매해서 먹고 산다. 컨설팅 산업이 발달하기 전에는 앞선 기업의 경험이 주로 인력의 스카우트 형태로 이전되었다. 인력이 이동하면서 기업의 경험도 이전되는 방식이었다. 그러나 변화속도가 빨라지고, 경쟁이 치열해지면서 기업은 더욱 다양한 경험의 이전을 필요로 하게 되었다. 컨설팅 회사는 그 경험을 판매하는 것이다.

영업점 하나를 가진 투자금융회사로 출발해 국내 정상급 은행으로 성장한 하나은행의 성공이유는 '돈 많은 사람들이 대접받고자 하는 심리를 이해하고 활용한 것'이라는 말을 듣고 공감한 적이 있다.

어떤 기자는 연구자와 기자라는 직업의 본질은 '조기경보자'라고 정의한다. 즉 남보다 일찍 문제의 발생 가능성을 알리는, 즉 '늑대가 나타났다고 외치는 소년'이라는 것이다.

최근에 번창하는 커피산업의 본질은 무엇일까? 그것은 일종의 '문예진흥업'으로 볼 수 있다. 맥스웰하우스 커피로 유명한 동서식품이 해마다 주부 백일장을 여는 것은 커피산업이 문예, 문화와 밀접한 관련이 있어서다. 하워드 슐츠 스타벅스 회장이 "우리는 커피를 파는 게 아니라 문화를 판다."라고 한 것도 바로 이 때문이다.

술집은 단순히 술 파는 곳이 아니다. '샐러리맨들의 스트레스를 해소하는 곳'이다. 실제로 그렇게 장사를 한 일본인 마담이 있다. 52년 동안 도쿄에서 술집을 운영하다가 101세가 되던 2003년 여름 작고한 아리마 히데코 씨다. 진급에 실패한 샐러리맨에겐 위로의 편지를, 사업에 성공한 사업가에겐 축하의 편지를 쓰는 것이 그녀의 오전 일과였다. 90세가 넘어서야 술을 한 모금씩 마시기 시작한 히데코 씨는 "마담은 술을 마시는 사람이 아니라 손님이 즐겁게 술을 마시도록 도와주는 사람"이라고 정의했다.

회사를 오래 다녔다고 사업을 이해하는 것은 아니다. 생각을 깊이 해보지 않으면 이해할 수 없는 부분이다. 그리고 미래의 경영자가 되기 위해서는 사업의 본질에 대한 자신만의 관점이 있어야 한다. 전문경영인이든 자기사업을 하든 경영자는 사업의 개념을 창조하고 혁신해 나가는 사람이기 때문이다.

당장 자기 회사가 하는 사업의 본질을 한번 직접 생각해보기 바란다. 그리고 자기의 관점을 단련시키길 바란다.

13
PSD의 정신으로 무장하라

베어스턴스의 PSD 정신을 기억하라.
명문대 학벌보다는 정신자세가 우선이다.

미국 뉴욕의 금융거리인 월가의 대형 투자은행으로 베어스턴스라는 회사가 있었다. 1923년 창사 후 흑자행진을 계속했고, 독특한 신입직원 선발기준이 있는 것으로 유명했다.

월가의 투자은행들은 보통 아이비리그 명문대학의 MBA 출신을 선발한다. 반면에 베어스턴스는 PSD란 독특한 선발기준이 있었다. PSD란 가난하고Poor, 똑똑하고Smart, 부자가 되고자 하는 강한 욕망Deep desire to become rich을 가진 사람을 뜻한다. 즉 학벌보다는 정신자세가 우선이며, 당연히 요구하는 정신은 PSD다.

『회장님의 메모』라는 책의 저자로 유명한 이 회사의 앨런 그린버그 회장도 PSD에 해당되었다. 1949년 말단 직원으로 출발해 회장으로 승진, 재임기간 중(1978~1993년) 베어스턴스를 5대 투자은행으로 성장시켰으며 "우리가 하는 일에 가장 위험한 요소는 독단과 자기만족이다." "순조롭게 일이 잘 풀릴 때는 부푼 풍선처럼 들떠서 헤프게 돈을 쓰기 마련인데 우리는 예외가 되도록 합시다." 등 유명한 메모구절을 남겼다. 하지만 후임 경영진들이 위험관리에 실패해 글로벌 금융위기의 와중에 2008년 JP모건에 피인수되었다. 비록 베어스턴스는 사라졌지만 PSD가 성장시켰던 역사는 교훈으로 여전히 남아있다.

사회생활 하면서 사람들 다양한 사람들을 만나게 된다. 좋은 집안에 좋은 학교를 나온 사람도 있고, 그렇지 못한 사람도 있다. 물론 좋은 배경을 가진 사람이 유리한 것은 부인할 수 없다. 그러나 이런 사람이라고 해서 성공이 보장된 것도

만약 당신의 배경이 좋지 않다면 그대로 인정하라.
대신 PSD 정신으로 철저히 무장하라.

아니며, 배경이 나쁘다고 해서 성공할 수 없는 것도 아니다.

좋은 배경에서 자라나고, 좋은 여건에서 출발했지만 어려움을 겪는 경우도 많이 보았다. 중요한 것은 정신자세다. 베어스턴스의 채용기준처럼 PSD 정신으로 무장된 사람들이야말로 가장 경쟁력이 있다.

철저하게 성과중심으로 움직인다는 증권업계에서도 출신배경과 실적의 연관성이 높지 않다. 공정한 경쟁이 이루어지는 영역일수록 학벌보다 PSD 정신이 큰 힘을 가진다.

만약 당신이 좋은 배경에 좋은 학교를 나왔다면 일단은 감사하라. 그리고 좋은 여건을 잘 활용하라. 그러나 PSD 정신을 가진 사람과 경쟁하려면 정신무장을 다시 해야 할 것이다.

만약 당신의 배경이 좋지 않다면 그대로 인정하라. 대신 PSD 정신으로 철저히 무장하라. 그리고 좀더 노력하라. 그 방법밖에 없다. 자신이 못 가진 배경과 학벌을 한탄해본들 자신만 좀먹을 뿐이다. 한탄할 시간이 있으면, 그 시간에 자신의 힘을 길러라.

14
직급에 따라 요구하는 능력은 달라진다

사원, 관리자, 경영자에게 필요한 능력은 각각 다르다.
맡은 자리가 요구하는 능력이 무엇인지를 잘 생각하라.

유능한 사원이 유능한 부장, 유능한 임원이 되어 궁극적으로 탁월한 CEO가 될 수 있을까? "될성부른 나무는 떡잎부터 알아본다."라는 속담대로 탁월한 CEO 재목은 사원 때부터 탁월함이 드러나는 경우가 많다. 그러나 유능한 사원이 무능한 부장이 될 수 있고, 유능한 부장이 무능한 임원이나 CEO가 되는 경우도 실제로 많이 있다.

내가 직장생활 하면서 겪은 이야기다. 어떤 사람은 사원부터 과장까지는 아주 우수한 직원이었다고 한다. 그러나 부서장이 되고부터는 별로 인정을 받지 못한다는 것이 중평이었다. 그 사람은 아주 성실하고 일을 꼼꼼히 처리하는 장점은 있었지만, 감정변화가 심해 부하 직원들을 다스리지 못하고, 직원들로부터 신뢰를 얻지 못했다. 유능한 과장이 무능한 부장이 된 셈인데, 이는 직급에 따라서 필요한 능력이 다르기 때문이다.

사원, 대리 같은 실무자에게 요구되는 능력은 우선 성실함과 꼼꼼함이다. 즉 자기에게 주어진 일을 실수 없이 처리하기만 하면 된다. 과장 정도의 중간관리자가 되면 실무처리 능력과 직원관리 능력, 상하 간 의사소통 능력이 필요해진다.

부서장이 되면 리더십과 대내외적 네트워킹이 중요해지는 단계다. 특히 직원들과 신뢰관계를 형성하고, 업무에 적절한 인원을 배정하며, 이해관계를 조정하는 등 소위 사람을 다루는 능력이 필요하다.

임원이나 CEO가 되면 시장과 고객의 큰 흐름을 먼저 읽고 대응책을 마련하는 전략적 능력이 관건이 된다. 그리고 복잡한 사안을 단순화해서 해결해나가는 추진력이 필요하다.

환경이 변하면 적응해야 살아남듯이, 직급이 올라가고 역할이 바뀌면 이에 적응해야 성공할 수 있다. 과거의 성공경험을 절대시하는 것이 가장 위험하다. 사원이나 대리로 인정받았던 덕목들이 관리자나 부서장이 되어서는 오히려 극복해야 할 약점이 되기도 한다는 것을 분명히 알아야 한다.

회사 내에서 승진을 하거나, 전직을 해 입사한 회사에서 다른 업무가 맡겨졌다면, 그 자리가 요구하는 능력이 무엇인지를 잘 생각해볼 필요가 있다.

15
자기관점이 없으면 보이는 것도 없다

아는 만큼 느끼고, 느낀 만큼 보인다.
자기 분야에서 자기만의 관점을 가져라.

19세기 프랑스의 자유주의 사상가인 알렉시스 드 토크빌은 현대 민주주의론의 고전으로 손꼽히는 『미국의 민주주의』라는 책을 남겼다. 그는 노르망디의 귀족 출신이었지만, 유럽 귀족사회의 종말과 새로운 유형의 사회가 도래할 것이라고 믿었다.

그는 미국의 감옥제도를 살펴보기 위해 미국으로 떠나 1831년 5월 9일 미국 로드아일랜드의 뉴포트에 내렸다. 그로부터 약 9개월 동안 그는 미국을 돌아보면서 신생국가 미국 민주주의의 실체를 눈여겨보았고, 그렇게 해서 얻어진 경험과 생각을 담아 1835~1840년에 걸쳐 기념비적 저작인 이 책을 남겼다.

이 책은 당시 미국이 만들어가고 있던 새로운 정치제도의 본질을 정확히 꿰뚫어 봤다는 평가를 받는다. 160여 년 전에 쓰였지만, 이 분야에서 이 책을 뛰어넘는 저작은 아직 찾아볼 수 없다는 평가 속에서, 지금도 팔리고 있는 고전이다.

이 책을 읽다 보면 불과 9개월간의 방문과 관찰로 쓰였다고 믿기 어렵다. 치열한 문제의식, 뛰어난 지능, 탁월한 시각을 가진 사람이 하나의 사물을 대하는 경우, 물리적 시간을 뛰어넘어 본질을 본다는 것을 웅변하는 좋은 사례다.

만약 토크빌과 같은 시대에 프랑스의 어떤 난봉꾼이 미국을 9년간 방문하고 돌아왔다고 하자. 그 난봉꾼이 토크빌이 미국에 체재한 9개월의 10배가 넘는 기간인 9년을 미국에서 있었다고 하면 무엇을 보았을까? 아마도 그 난봉꾼은 미국의 여자, 미국의 술집들에 대해서는 할 말이 많았을 것이다. 소위 뭐 눈에는 뭐밖에 안 보이는 법이니 말이다.

많은 사람들이 미국, 일본, 유럽에 가서 보고 배워온다. 배워올 기반이 있는 사람들은 짧은 기간에도 많이 얻어 오지만, 기반이 없는 사람들은 오래 머물러 있어도 실제로 얻어 오는 것은 없는 경우를 많이 본다.

유홍준 교수의 『나의 문화유산 답사기』 서문을 보면 "인간은 아는 만큼 느낄 뿐이며, 느낀 만큼 보인다. 예술을 비롯한 문화미란 아무런 노력 없이 획득되는 것이 아니기 때문이다."라는 말이 나온다. 이는 예술뿐만 아니라 다른 분야에도 적용될 수 있는 말이다.

매사에 아는 것이 없으면 느낄 수가 없다. 아는 것이 없으면 눈에 보이는 것, 손에 잡히는 것만 표면적으로 보고 느낄 수밖에 없다. 그러나 아는 것이 있고, 자기관점이 있으면 느끼는 것이 있고, 보이는 것이 생긴다.

중요한 것은 이러한 관점은 노력 없이 획득되는 것이 아니라는 것이다. 저녁 술자리에서 주절거리는 개똥철학 수준의 관점은 누구나 가지고 있다. 그러나 사물의 본질에 대한 진정한 관점은 많이 읽고, 진지하게 사색하고, 노력하지 않으면 생기지 않는다.

자기관점이 없으면 보이는 것이 없다. 난봉꾼이 평생을 살아도 보고 듣는 것은 술집과 여자 말고는 외에는 것과 마찬가지다.

자기 분야에서 자기만의 관점을 가지도록 노력하라. 노력 없이는 앎이 없고, 앎이 없이는 느낌이 없으며, 느낌이 없으면 보이는 것이 없는 법이다.

16 통찰력만 있으면 천리 밖에서도 볼 것을 본다

사안을 파악하는 능력, 즉 통찰력의 여부가 중요하다.
통찰력이 없으면, 바로 눈앞의 일도 이해하지 못한다.

일본문화를 이야기할 때 꼭 나오는 책이 『국화와 칼』이다. 미국 컬럼비아 대학 교수였던 루스 베네딕트가 쓴 책인데, 대학 시절 문화인류학 강좌의 추천도서였던 기억이 난다.

이 책은 미국 국무성의 위촉을 받아 1944년 6월부터 쓰기 시작해 1946년에 출간되었다. 당시 미국 국무성은 제2차 세계대전 종전 후 일본을 통치하려면 일본 사회와 문화를 제대로 알아야 한다고 생각하고 베네딕트 여사에게 연구를 의뢰했다. 비록 '미국인의 시각에서 본 일본'이라는 한계는 지적

되지만, 지금까지도 일본 문화를 알기 위해서는 꼭 읽어야 하는 명저로 평가받고 있다.

놀라운 것은, 저자 자신이 일본을 한 번도 방문한 경험 없이 이 책을 집필했다는 것이다. 당시는 미국과 일본이 전쟁 중이어서 일본인 전쟁 포로들을 만난 것을 제외하고는 대부분 영화, 책, 신문, 잡지 등을 자료로 활용했다. 그렇지만 세밀하고 정확한 분석은 일본 사람과 일본 문화의 정수를 들춰냈다는 평가를 받고 있다. 심지어 『국화와 칼』이 자기 취향의 일본 기행문이나 상업적 일본 인상기와 같은 종류들과 결정적으로 구분되는 점을 '일본을 가보지 않고, 일본을 파악했다는 것'에서 찾기도 한다.

루스 베네딕트의 『국화와 칼』은 통찰력이 있으면 천리 밖에서도 사물을 볼 수 있다는 사실을 알려주는 사례다. 구체적 대상을 직접 보지 않는 것이 오히려 보다 엄밀할 수도 있다. 사물을 볼 수 있는 통찰력과 관점은 시공간을 뛰어넘는다. 다시 말하면 사안을 파악하는 능력의 여부가 중요하다. 단순히

사물을 제대로 이해하려면 현장에서 우선 접해보는 것이 중요하다.
통찰력은 천리 밖에서도 사물을 정확히 볼 수 있게 한다.

어디에 가서 보고 들어 봐야, 통찰력이 없으면 단순한 인상 외에는 남는 것이 없다.

증권회사 애널리스트 시절의 경험이다. 자질 있는 애널리스트는 불과 몇 개월 만에 담당하는 산업과 기업의 핵심이슈를 파악하고 문제점을 제기한다. 반면 능력 없는 애널리스트는 몇 년을 담당한 산업의 중요한 것도 놓치는 경우가 있다. 이것은 사물을 보고 핵심을 파악하는 통찰력에서 차이가 나기 때문이다.

요즘은 정보가 넘쳐나는 시대다. 인터넷만 열면 상당한 양의 정보를 접할 수 있다. 정보를 통한 간접경험의 폭을 엄청나게 넓힐 수 있는 시대인 것이다. 정보기술이 발달하기 이전에는 자료를 구하는 것 자체가 어려웠다. 하지만 지금은 웬만한 자료는 널려 있는 시대다.

따라서 필요한 자료를 골라내고 정확한 관점에서 해석해내는 통찰력이 갈수록 중요해지고 있다. 수많은 자료들이 통찰력 있는 사람을 만나면 고급정보가 된다. 그러나 통찰력 없는 사람에게는 단지 쓰레기더미일 뿐이다.

사물을 제대로 이해하려면 현장에서 우선 접해 보는 것이 중요하다. 그러나 정말 중요한 것은 사물을 이해할 수 있는 통찰력이 갖춰졌는지의 여부다.

통찰력은 천리 밖에서도 사물을 정확히 볼 수 있게 한다. 반면 통찰력이 없으면, 바로 눈앞에서 일어나는 일도 무엇인지 이해하지 못한다.

17
현장을 모르고 좋은 의사결정은 불가능하다

실제로 일이 벌어지는 현장은 가서 겪어봐야 안다.
어떤 영역에서 근무하든지 현장경험을 꼭 가져라.

싱가포르 최대 부호 중 한 명으로 꼽히는 중화총상회 곽영유 회장은 선친으로부터 부동산 관련 사업체를 물려받아 더욱 키웠다. 곽 회장이 선친의 회사에 입사해서 처음 한 일은 건물 화장실의 관리였다고 한다. 그는 다음과 같이 회고한 바 있다.

"단순해보일 것 같은 일이 그렇지 않다는 것을 깨달았다. 변기만 해도 집중하지 않으면 모르는 부분이 많았다. 지금 생각해보면 경영인에게 필요한 세밀한 관찰력과 기초 소양이 그 때 길러졌고, 말단 직원들의 고충을 알게 되었다."

이런 교육방식은 유대인에 못지않은 힘을 가진 화상華商들의 전통이다. 이러한 현장경험을 거치고서야 경영을 맡긴다고 한다.

1990년대까지는 현장업무를 경시하는 경향이 있었다. 현장보다는 기획, 자금, 연구개발 등 본사업무를 하는 것을 높이 샀다. 그러나 1997년 IMF 경제위기 이후에는 영업직 등 고객을 직접 대하는 직종이 인기를 끌고 있다. 이는 퇴직 후에도 개인이 자생력을 가지기 위한 것으로, 바람직한 변화다.

실제 일이 벌어지는 현장은 가서 겪어봐야 안다. 물건이 만들어지고 팔리는 현장은 직접 가보지 않고서는 모르는 것이다. 잘 만들어진 보고서를 아무리 많이 읽어도, 현장에서 겪어본 경험이 뒷받침되지 않으면 보고서에 담긴 진짜 의미를 절대로 알 수 없다.

어떤 사업이건 실제로 물건이 만들어지고, 고객을 대하는 현장에서 모든 것이 출발하고 마무리된다는 것을 꼭 알아야 한다. 따라서 어떤 분야에서 일하든 현장경험을 가지는 것은 그 사업을 정확히 이해하기 위한 필수과정이다.

나는 증권사 지점근무를 경험한 적이 있다. 증권사 지점은 예나 지금이나 일하기가 아주 힘든 곳이다. 그러나 지점근무를 통해 증권사의 일반고객을 직접 대하면서, 고객이 무엇인지를 분명히 이해했다. 그리고 돈이 걸려있을 때 사람들이 어떻게 행동하는지를 분명히 알 수 있었다.

손해 본 돈 물어내라고 악쓰는 아줌마에게 멱살을 잡혀보면 세상은 달라 보인다. 구두 닦는 아저씨부터 중소기업 사장까지 고객으로 대하면서 얻은 지점근무 경험은 내게 대학생티를 완전히 벗고 사회인으로 현실을 볼 수 있도록 하는 출발점이었다고 해도 과언이 아니다.

지금 하는 일인 컨설팅을 할 때도 여러 현장을 직접 가보는 것과 가지 않고 문서로 파악하는 것과는 큰 차이가 있음을 많이 느낀다. 컨설턴트 입장에서도 직접 현장을 보지 않고서는 느낄 수 없는 부분이 많다. 요즘 표현으로 필이 꽂히지 않는 것이다.

하물며 회사를 다니는 직원이 현장경험이 없다면, 경영자가 되어 정확한 판단을 내리기는 어려울 것이다. 실제 연구개발, 기획, 관리 분야에서만 경험을 쌓은 사람이 경영자가 되었을 때 현실과 동떨어진 의사결정을 하는 것을 많이 본다. 이것은 직접 체험하지 않고서는 알 수 없고, 알지 못하면 느낄 수 없는 현장경험이 부족하기 때문에 일어나는 것이다.

어떤 영역에서 근무하건 현장경험을 가질 기회를 꼭 챙겨야 한다. 현장경험은 조직 내에서 올바른 판단을 내리기 위해서든, 퇴직 후 자기사업을 하기 위해서든, 무엇을 하든지 직장생활에서 변함없는 가장 중요한 자산이 된다.

18
바닷물을 끓이려고 하지 말라

좋은 답안도 너무 늦게 나오면 이미 쓸모가 없다.
주어진 상황에서 사안에 맞는 해결책을 모색하라.

"경영은 불확실성 하에서 정확한 해답을 찾아내는 것이 핵심은 아니다. 정확한 문제에 대해 어느 정도 잘못된 답을 가지고 있는 것이 잘못된 문제에 완벽한 해답을 가지고 있는 것보다 낫다는 사실을 알았다."

세계적인 경영학자 피터 드러커의 말이다. 경영학은 가능한 범위 내에서 실용적인 답을 찾는 것이다. 마찬가지로 기업 경영에 불변의 진리는 없다. 피터 드러커의 지적대로 정확한 문제에 대해 어느 정도 잘못된 답을 가지고 있어도 상관없다.

오히려 정확한 답일지라도 타이밍이 중요하다. 좋은 답안도 너무 늦게 나오면 이미 쓸모가 없기 마련이다.

컨설팅업계에는 "바닷물을 끓이려 하지 말라."라는 격언이 있다. '해답 없는 문제를 풀기 위한 불필요한 노력으로 시간을 낭비하지 말라. 대략적 범위와 정확한 수치가 필요한 경우를 구분하라. 모든 자료를 찾고 결론을 내리려 하면 어떤 결론도 나지 않는다. 중요한 자료가 무엇인지 먼저 판단하라.'는 뜻이다.

예를 들어 어떤 회사의 시장점유율을 대략적으로 계산하는데, 40%냐, 42%냐 하는 것은 중요하지 않다. 30% 수준인지, 40% 수준인지를 알면 충분하다. 시간과 노력을 더 들여 42%를 정확하게 계산해봐야 큰 의미가 없다. 적시에 숫자의 범위를 알아내는 것이 더 중요하다.

경험이 적은 직원에게 보고서 작성을 시키면, 자료를 찾는데 시간을 너무 많이 쏟는 경우가 흔히 있다. 내가 보기에 필

기업은 궁극의 진리를 탐구하는 곳이 아니다.
주어진 상황에서 가능한 합리적인 해결책을 모색하는 곳이다.

요한 자료는 다 찾았는데도, 자료가 부족하다며 계속 자료타령을 한다.

이럴 때 나는 "바닷물을 끓이려 하지 마라."라고 이야기한다. 어떤 주제라도 관련된 자료는 찾을수록 끝이 없고, 아무리 찾아도 딱 들어맞는 것은 대개 없다. 이럴 경우, 무작정 자료를 찾기보다는 일정 시점에서 찾기를 멈추고, 사용 가능한 자료를 조합해서 목적에 맞는 정보를 적시에 정리하는 것이 보고서 작성의 노하우다. 기업은 타이밍이 중요한데, 아무리 좋은 보고서도 타이밍을 맞추지 못하면 의미가 없는 것이다.

기업은 궁극의 진리를 탐구하는 곳이 아니다. 주어진 상황에서 가능한 합리적인 해결책을 모색하는 곳이다. 그러니 사안에 맞는 해결책을 찾는 것이 중요하다. 조사를 하건, 보고서를 쓰건, 어떤 일을 하건 이 점을 명심하라.

19
몸을 움직이면 긍정적이 되고, 머리만 굴리면 부정적이 된다

앉아서 생각만 하노라면 비관적이기 마련이다.
몸을 움직이면서 일하는 사람은 긍정적이 된다.

1993년 8월, 정부는 금융실명제를 전격 발표했다. 다음날 주가는 전 종목 하한가를 기록하며 폭락했다. 다음날도 주가는 폭락이었다. '추락하는 것은 날개가 있다'는 유명한 소설 제목과는 달리 '날개 없는 추락'이 거듭되었다.

금융실명제는 나에게 잊을 수 없는 기억과 아픔을 남기면서 이렇게 도입되었다. 내가 돈이 많아 피해를 본 것이 아니다. 나는 당시 증권회사 지점에서 근무하고 있었다. 증권사 영업사원들은 내 말의 의미를 알 것이다. 주가는 회복하기 시작했지만 삼성전자 같은 대형 우량주만 오르고, 나머지 주식은 그야말로 날개 없이 추락했다.

지점은 그야말로 지옥이 되었다. 주가폭락에 따른 고객의 항의, 내가 맡은 고객에 대한 부담감 등이 겹치면서 불면으로 며칠씩 밤을 새우고, 멍한 상태로 출근해 악전고투하는 날들이 이어졌다. 출구 없는 암흑 속에서 심신은 황폐해져만 갔다. 이때 산전수전 겪으신 상사 분이 나에게 권투체육관을 같이 다니자고 권유하셨다. 농담이 아닌 진지한 권유였다.

"지금 상태로는 심리적으로 무너지면서 견디지 못한다. 앉아서 고민하지 말고 일단 몸을 움직여라. 권투는 치열한 운동이다. 운동하면 기분이 좋아지고, 긍정적인 마음도 가질 수 있다. 일단 같이 가보자."

그 길로 두말 않고 따라간 권투도장을 3개월간 다녔다. 첫날 땀범벅이 되어 샌드백을 치면서 정신이 맑아짐을 느꼈고, 그 날부터 밤에 잠을 제대로 잘 수 있었다.

이 과정에서 나는 몸을 움직이면 긍정적이 되고, 앉아서 머리만 굴리면 부정적이 된다는 것을 느꼈다. 문제가 생겼을 때 앉아서 생각만 하면, 머리만 복잡해지고 비관적인 기분이 들기 쉽다. 반면에 몸을 움직이면서 사람을 만나고, 이야기도 듣다 보면 문제해결의 실마리도 찾기 쉽고, 낙관적인 기분을 가질 수 있다.

한 번씩 문제가 생기면 생각은 일정시점에서 멈추고 일단 몸을 움직여보라. 그러면 먼저 막연한 걱정이 줄어들고, 올바른 판단을 할 수 있는 힘이 생길 것이다.

회사나 사회에서도 마찬가지다. 앉아서 생각만 하고, 말만 많은 사람은 매사에 비관적이고 부정적이다. 반면 몸을 움직이고, 일하는 사람은 진취적이고 긍정적이다. 앉아서 생각만 하고 말만 많은 사람보다 몸을 움직이는 긍정적인 사람과 같이 어울리면서 그들에게서 배워라. 태도도 닮기 때문이다.

20
늙는다는 것은 나이 먹음이 아니라 성숙되지 않는 것이다

사람이 늙는다는 것은 육체적 나이 먹음이 아니다.
30대 늙은이에게 남아있는 인생은 의미가 없다.

'70세 열혈남, 미래를 질주하다'라고 하는 광고가 있다. 70여 년의 역사를 가진 어느 기업의 광고다. 건장한 할아버지가 모델로 나와 모터사이클용 가죽재킷을 입고 웃는 모습이 인상적이었다. 나이는 들었지만 도전정신을 가진 열혈남처럼 미래를 창조한다는 메시지가 아직도 뇌리에 강하게 남아 있다.

어릴 때나 성장하는 시기에는 1년의 차이가 크다. 물리적 시간의 흐름과 정신적 성장이 대체로 비례한다. 초등학생이 고등학생의 경험을 뛰어넘기 어려운 것이다. 그러나 차츰 나이가 먹어가면서 시간의 흐름과 정신적 성장의 비례관계는 약해진다.

사람에 따라 정신적인 성장이 멈추는 시기는 모두 다르다. 30대에 성장이 멈추는 사람도 있고, 40대에 멈추는 사람도 있다. 30대에 성장을 멈춘 사람은 평생을 살아도 경험과 사고의 폭이 깊어지지 않는다.

반면 70세 열혈남도 있다. 끊임없는 노력으로 자기 분야에서 일가를 이루고도, 왕성한 지적 호기심을 유지하고 계속 정신을 키워나가는 사람이다. 우리 사회에도 기업, 종교, 예술 분야에 이런 분들이 많다. 이런 분들이 가지는 진정한 권위 앞에서는 고개가 절로 숙여진다.

피부에 와닿게 이야기해 보자. 오랜만에 친구를 만나면 반갑다. 서로 안부를 묻고 나면 자연스레 화제는 그간의 살아온 이야기로 연결되기 마련이다. 이야기를 하다 보면 느낌이 달리 온다. 그동안 나름대로 발전과 변화가 있었던 친구는 화제도 풍부해지고 배울 것도 많다. 반면 10년 전이나 지금이나 몸만 변했지 정신은 그대로인 친구가 있다. 이런 친구와는 지난 이야기 말고는 사실 할 말이 별로 없다. 어떻게 보면 그 동안 성장이 없었던 것이다.

어릴 때는 나이 든 사람들이 모두 똑같아 보인다. 그러나 어른이 되면 나이 든 사람이 더이상 똑같아 보이지 않는다. 60세가 넘어도 철없는 사람이 있다는 것을 알게 된다. 사람이 살아 온 궤적에 따라 정신적 성숙의 정도가 다르다는 것을 아는 것이다. 60 평생을 진지하게 살아 온 사람과 60 평생을 주정뱅이로 지낸 사람은 절대 같을 수 없다.

사람이 늙는다는 것은 육체적 나이 먹음만이 아니다. 정신적 성숙이 중단되면 늙는 것이다. 30대에 정신이 늙어버리면 30대 노인이다. 몸은 젊었지만 정신은 고목나무가 된 것이다. 이런 사람은 나이를 먹을수록 어쭙잖은 자부심과 고집만 커질 뿐 정신적 성장은 더이상 없다.

70세라도 열정과 호기심이 유지된다면 70세 열혈남이다. 신체의 나이와 상관없이 계속 정신이 성장하는 사람이다.

당신이 만약 30대라면 한번 반문해보라. 몸은 젊어도, 마음은 이미 늙어 버렸는가? 마음이 늙어 버린 30대에게 남아있는 몇십 년의 인생은 의미가 없다. 마음이 늙어버린 30대라면 회춘약으로 마음의 비아그라를 먹어라. 그 약은 다름 아닌 열정과 호기심, 그리고 개방성이다.

21
호기심이 없으면 발전이 없다

능력 있는 직원은 새로운 일에 대한 두려움이 없다.
무능한 직원은 새로운 일을 맡을까 두렵다.

창의력과 자기계발 분야의 전문가인 마이클 겔브는 『거인의 어깨 위에 올라서라』는 책에서 역사상 10명의 천재들에게서 배울 수 있는 생각의 기술을 제시한다. 그는 코페르니쿠스에게서는 사고의 틀을 깨는 파격성을, 엘리자베스 1세에게서는 효과적이고 균형 있게 권력을 행사하는 법을, 다윈에게서는 마음을 열고 관찰력을 키워는 방법을 배우자고 말한다.

우리가 벤치마킹할 그들의 천재성은 '호기심, 유머감각, 낙관적 사고'를 포괄하는 개념이다. 보통 천재는 어느 날 갑자기 영감을 얻어 엄청난 일을 해낸 사람이라고 생각한다. 그러나 천재들은 의외로 점진적인 발전을 한 사람들이다. 그리고 점진적 발전의 뒤에는 항상 호기심이 있었다는 있었다고 마이클 겔브는 말한다.

물론 호기심만 많다고 천재가 될 수는 없다. 사람마다 타고난 능력이 다르기 때문이다. 그러나 호기심이 없으면 타고난 능력조차 발전시킬 수 없다. 호기심이 없다는 것은 아무 생각 없이 산다는 것과 똑같은 말이기 때문이다.

자본주의 사회에서 성공한 사람들은 두 부류로 나눌 수 있다. 첫 번째는 기존에 있던 것을 뛰어나게 하는 방법을 찾아낸 사람이다. 두 번째는 새로운 것을 창조해낸 사람이다. 두 부류 모두 출발점은 호기심이다. 조그만 사실도 그냥 지나치지 않고, '왜'라는 이유를 한 번 더 생각해 보는 태도를 가지고 있는 것이다.

"1991년에 미국에서 삼성전자 반도체가 덤핑 혐의로 제소

자기분야에서 성공하려면 호기심을 가져라.
호기심은 창조의 엔진을 돌리는 힘이다.

되었다. … 그 전해 미국 반도체시장 점유율 1위가 일본의 도시바였고 2위가 삼성전자였다. 그런데 삼성이 1위가 되었다. 그래서 도시바가 마이크론을 시켜 삼성전자를 반덤핑 제소하도록 했다. 이 정도면 된다 싶어 집중적으로 샀더니 성공할 수 있었다."

어느 주식투자자의 투자 성공담이다. 냉정한 승부사의 세계인 주식투자는 진정한 의미의 프로만이 성공한다. 이 성공담의 주인공이 말하는 투자자가 갖춰야 할 기본 자질은 뭐니 뭐니 해도 강한 호기심이다. 호기심을 갖고 어떤 사실을 접하고, 현상을 정밀히 분석하고 그것의 영향을 다각도에서 점검해보는 태도는 너무나도 중요한 덕목이다.

크든 작든 자기 분야에서 성공한 사람은 호기심을 가지고 있다. 동네 슈퍼를 보더라도, 잘되는 집은 주인부터 다르다. 항상 호기심을 가지고 손님을 관찰하고, 잘 팔리는 물건을 파악하고, 진열하는 방법을 고민한다.

회사에서도 마찬가지다. 능력 있는 직원은 호기심이 있다.

기존에 하던 일도 더 잘할 수 있는 방법을 생각해보고, 새로운 일에 대한 두려움이 없다. 반면 능력이 없는 직원은 새로운 것을 두려워하고 매사를 귀찮아한다.

찰스 다윈이 역사에 길이 남은 이유는 관찰력에서 비롯된다. 호기심이 있어야 관찰한다. 관찰은 의심을 낳고, 의심은 분석을 낳고, 분석은 또 다른 창조를 낳는다.

자기분야에서 성공하려면 호기심을 가져라. 호기심은 창조의 엔진을 돌리는 힘이다.

22

개방성이 없으면 배움이 없다

개방성이 없으면 지식이 쌓이지 않는다.
개방성은 타인과의 열린 교류에서 생긴다.

나는 시오노 나나미의 『로마인 이야기』를 통해 서양문명의 저수지라고 불리는 고대 로마제국의 리더십과 시스템을 제대로 이해할 수 있었다. 로마 하면 떠올렸던 폭군황제, 잔인한 정복, 기독교 박해, 대화재 등의 편향적 이미지들은 개방성에 기초한 보편제국의 성공원인에 대한 이해로 확장되었다.

"지성에서는 그리스인보다 못하고, 체력에서는 게르만인보다 못하고, 기술력에서는 에트루리아인보다 못하고, 경제력에서는 카르타고인보다 뒤떨어지는 로마인이라고 스스로가

인정하고 있었다. 그럼에도 로마인이 1천 년 동안 번영할 수 있었던 것은 타 민족에 대한 개방성과 유연함 때문이었다."라고 시오노 나나미는 갈파한다.

로마는 역사상 유일한 보편제국이었다. 아테네인이 생각하는 시민이 '피'라면, 로마인이 생각하는 시민은 '뜻을 같이 하는 자'다. 아테네에서는 아리스토텔레스조차도 마케도니아 출신이라는 이유로 시민권을 얻지 못했다. 그러나 로마인들은 오랜 적도 일단 무찌른 후에는 흔쾌히 로마 시민으로 받아들였다.

실력 본위의 사회였던 로마는 제정 중기로 가면, 능력을 인정받은 식민지 출신들이 황제의 자리에까지 오른다. 로마인들은 문화에 대해서도 개방적이었다. 율리우스 카이사르는 "로마인은 좋다 싶으면, 그것이 적이라 해도 거부하기보다는 모방하는 쪽을 선택했다."라고 말했다. 로마인들에게는 심지어 피지배민족인 그리스의 신神들조차도 받아들였던 개방성이 있었다.

로마인의 찬란한 성공 원인을 개방성과 유연성에서 찾는 관점은 공감이 간다. 폐쇄적이고 고집불통인 사람에게 무슨 성공을 기대하겠는가?

자신의 좁은 세계에만 매몰된 사람은 유아독존식의 자기위안만 반복할 수밖에 없다. 우리나라 역사에도 집단적 자기위안만 하다가 망가진 경우는 임진왜란 이후 여러 번 찾아볼 수 있다.

개방성이란 무엇인가? 타인의 우수성을 인정하고 받아들이는 것이다. 개방성이 없는 사람은 타인의 우수성에 대해 이해조차 거부한다. 그리고 자신이 가진 어쭙잖은 자존심에만 집착한다.

그렇다면 개방성은 어디에서 오는가? 개방성은 타인과의 교류에서 생긴다. 혼자 앉아서 아무리 개방적이 되려고 다짐해봐야 소용없다. 열린 마음으로 다른 사람들과 교류하는 과정에서 자연히 개방성을 가지게 된다.

접촉하고 교류하면 이해할 수 있게 된다. 이해하면 두려움이 없어진다. 두렵지 않으면 받아들일 수 있다. 개방성은 자신감의 다른 표현이기도 하다.

타인과의 만남에서 열린 마음이 없다면, 배울 수 있는 것이 없다. 닫힌 마음으로는 사람 만나봐야, 자기 잘난 척하는 것밖에 없다. 매일 자기 잘난 척만 반복하는 폐쇄적 인간에게 자기만족은 있을지 모르지만 배움은 없다.

다른 사람의 우수성을 인정하고 배우려는 자세는 아주 경제적인 학습이다. 사람은 본질적으로 자신을 인정하는 사람에게는 관대한 법이다. 자신의 우수성을 인정해 주는 사람과 이야기를 나누는 데 인색한 사람은 없기 마련이다.

23
익숙하지 않은 것도 적극적으로 접하라

익숙한 것만 해서는 넓어지지 않는다.
적극적 태도로 새로운 일을 통해 배워라.

2013년 세상을 떠난 변화관리전문가 구본형 소장의 『익숙한 것과의 결별』은 IMF 구제금융 이후 도래한 새로운 환경에 적응하기 위해 개인차원에서도 과거의 익숙함과 결별하고 새로운 환경에 적응하라는 주제로 당시 큰 반향을 불러일으켰다.

IMF 구제금융 직후와 같은 격변의 시대에는 익숙한 것과 '결별'까지 하는 개혁이 필요하다. 그러나 평소에 익숙하지 않은 것도 적극적으로 접해보려는 태도는 변화의 출발점이 된다.

사회생활을 하면서 익숙하지 않은 일을 자주 접하게 된다. 평소 해보지 않았거나 관심이 별로 없던 분야의 일을 하게 될 때다. 이럴 때 사람들의 반응은 다르게 나타난다. 한번 부딪쳐 보려는 사람과, 새로운 것에 대해 부담을 느끼고 일단 피하려는 사람으로 나뉜다.

이것은 능력이 아니라 태도의 차이다. 적극적인 태도를 가진 사람은 새로운 일을 통해 배우고 경험의 폭을 넓혀 나간다. 반면 소극적인 태도를 가진 사람은 편안하지만 시야가 좁아지기 쉽다. 이것은 업무뿐 아니라 평소의 생활과도 관련이 있는 문제다.

간단한 비유를 하자. 내게 뮤지컬이나 콘서트 티켓이 생겨, 동료나 친구에게 같이 가자고 권했다. 익숙하지 않은 분야지만 좋은 기회라고 흔쾌히 같이 가서 한번 접해 보려는 사람이 있는 반면, "그런데 뭐 하러 가나. 나는 관심 없고 잘 모른다. 편안하게 소주나 한잔 하는 것이 편하다."라면서 거절하는 사람도 있다. 이 경우 후자의 태도는 문제가 있다.

태어날 때부터 뮤지컬이나 음악 좋아한 사람은 없다. 접해보면서 익숙해지고, 익숙해지다 보니 편안하게 즐기게 되는 것이다. 기회 있을 때 한번 가보고, 싫으면 다시 안 가면 된다. 접해보지도 않고, 미리 "나는 그런 것하고 인연이 없다."라는 식으로 거부할 필요는 없는 것이다.

우연히 따라간 콘서트에서 흥미를 느껴 음악애호가가 될 가능성도 있다. 익숙하지 않았던 음악과 친숙해지고 즐길 수 있다면 그만큼 인생은 풍요로워질 것이다.

업무도 마찬가지다. 평생 익숙한 일만 하고 살 수는 없다. 물론 매일매일 새로운 일만 접한다면 스트레스를 견디기 어려울 것이다. 그러나 항상 익숙한 일만 하고, 익숙한 사람만 만나서는 변화와 발전을 기대할 수 없다.

새로운 일에 대한 부담감과 두려움은 누구에게나 있다. 사람들에 따라 '적극적이냐, 소극적이냐' 하는 조그만 태도의 차이만 있을 뿐이다. 이 작은 차이가 시간이 흐르면 커다란 간격이 된다.

적극적인 태도를 가진 사람은 새로운 일을 통해
배우고 경험의 폭을 넓혀 나간다.

익숙한 것을 반복하는 것은 누구에게나 가장 편안한 일이다. 그러나 익숙하지 않고 불편한 것을 적극적으로 접해 보려고 하지 않는다면 '우물 안 개구리의 자기위안'만 반복할 수밖에 없다.

24
3일, 3개월, 3년의 고비를 잘 이해하라

조직생활에선 3일, 3개월, 3년이 항상 어렵다.
고비마다 고민해야 할 화두를 다시 한 번 챙겨보자.

직장생활에서 '3, 3, 3'이 고비라는 말을 흔히 한다. 신입사원으로 입사하거나, 중간에 부서나 회사를 옮겼을 때 '3일, 3개월, 3년' 단위로 고비가 온다는 뜻이다. 이 고비를 이해하고 지혜롭게 넘겨야 한다. 특히 첫 3개월은 조직에서의 성패를 결정짓는 가장 중요한 시기다.

새로운 환경에서의 첫 3일은 누구에게나 어색하고 힘든 시기다. 누가 누구인지도 모르겠고, 어디에 무엇이 있는지도 모른다. 하는 일 없이 자리에 앉아 있기만 해도 불편하고 어색한 시기다. 심리적으로 불편하지만 시간만 보내면 된다.

첫 3개월은 본격적으로 새로운 환경에 적응해가면서 조직의 일원이 되는 시기다. 사람간의 관계도 만들어지고, 업무를 통해서 서로의 능력을 이해하고, 개인에 대한 기본적 평판이 형성되는 시기다. 조직 내에서 개인의 가능성이 1차적으로 평가된다.

첫 3년은 조직에서 자신의 위치를 완전히 찾는 시기다. 회사 돌아가는 것도 이해하고, 업무의 전문성도 생기며, 경험 수준도 높아진다. 그러나 한편으로는 직장에 염증이 생기고, 지겨워지기 시작한다. 신입사원도 3년이 지나면, 직장생활의 개념을 잡는다. 그만큼 자신의 가능성과 한계를 분명히 느끼기 시작한다. 앞으로 쌓아갈 자신의 경력에 대한 걱정도 커지면서 다른 가능성을 적극적으로 찾으려 하는 경우도 생긴다.

가장 중요한 첫 3개월에 꼭 생각해야 할 단어가 있다. 바로 'Face Struggle'이다. 굳이 번역하면 '표정관리' 정도다. 즉 3개월간 표정관리를 주의 깊게 하라는 것이다. 처음 3개월은 첫인상이 생기고, 평판이 만들어진다. 그리고 이것은 앞으로 조직 내 생활에 결정적인 영향을 미친다.

'Face Struggle'은 '개인의 감정이나 의견을 표정에 나타내지 마라. 가능하면 다른 사람의 표정을 먼저 살펴라. 사소한 일에 대한 과민반응 하나가 큰 영향을 미칠 수도 있다. 자신을 나타내기보다 먼저 주변을 파악하라. 당신은 100명을 관찰하지만, 100명이 당신 한 사람을 보고 있다.'라는 의미다. 그렇다고 남을 속이라는 것이 아니다. 새로운 환경을 잘 모르는 상태에서 부적절한 행동으로 오해받을 필요는 없다는 뜻이다.

3년이 지나면서 꼭 생각해봐야 할 단어는 개인의 전략이다. 3년 정도의 기간이라면 한 분야에서 기본적 지식과 경험은 습득했다고 본다. 개인도 3년간의 경험에 대한 냉정한 평가가 필요하다. 즉 지금의 분야에서 자신이 남보다 잘할 수 있는 것이 있는지, 아니면 다른 분야에서 그런 가능성을 찾아야 할 것인지를 생각하고 결정할 필요가 있다는 의미다.

지난 3년이 가능성을 발견하는 기간이었다면 앞으로 가능성을 현실화시키기 위한 구체적 방법을 고민해야 한다. 불행하게도 그마저도 아니라면, 지금의 경험을 활용할 수 있는 다른 분야를 고민해야 한다.

처음으로 회사생활을 시작하든, 중간에 회사를 옮기든 3일, 3개월, 3년의 고비는 누구에게나 온다. 사람에 따라서 3년은 커녕 3개월의 고비도 매번 못 넘기고, 여러 회사를 전전하기도 한다. 이는 입사 후 적응단계에 대한 분명한 개념을 못 가지고 있기 때문이다. 조직생활에서 이 3개의 고비마다 고민해야 할 화두를 다시 한 번 챙겨보자.

25
소년등과에 패가망신하는 경우가 많다

//

인생은 길다. 호흡을 길게 가질 필요가 있다.
일찍 성공하더라도 겸허한 태도를 가져야 한다.

예나 지금이나 법대에 가면 사법고시 공부를 많이 한다. 내가 학교에 다닐 때는 사시합격 인원이 지금보다 적었고 경쟁도 치열했다. 수험 준비생 사이에서 떠도는 농담 반 진담 반의 격언이 있었다. "소년등과에 패가망신한다."라는 말이다.

'소년등과에 패가망신'이란 사시에 일찍 합격한 사람이 현직에서는 오히려 중간에 꺾이는 경우가 많다는 의미다. 머리도 좋고 운도 따라주어 대학교 3, 4학년 때 시험에 합격한 사람의 앞길은 전도양양해 보인다. 그러나 역설적으로 큰 고생

없이 어린 나이에 합격해 자만하기 쉽고, 법조인으로서 큰 성공을 거두지 못하는 경우가 많다는 것이다.

너무 일찍 찾아온 성공은 오히려 불행으로 연결되는 것을 많이 본다. 머니게임이 난무하는 주식시장에서 너무 일찍 찾아온 성공은 대부분 끝이 좋지 않다. 30대 초반에 성공해 돈을 번다는 것은 실력보다 행운이다. 그리고 젊은 나이의 행운은 사람은 겸허하게 하기보다 간덩이를 키우고 교만하게 한다. 한마디로 세상 제대로 알기 전에 우습게 보는 것부터 배우는 것이다.

흔히 30대에 번 돈은 자기 돈이 아니라는 말을 많이 한다. 사실 나는 이를 믿지 않았다. 30대라도 돈을 많이 벌면 그만큼 인생을 편하게 사는 것이라고 생각했었다. 그러나 지나 보니 역시 그게 아니었다.

1980년대 후반 증시 호황기에 증권사 직원은 신랑감 1순위였다. 당시 대치동 은마아파트가 불과 5천만 원 하던 시절이었다. 증권사의 젊은 직원들은 우리사주로 받은 주식 값이

인생은 길다. 자만하지 않고
꾸준히 자기 길을 개척해서 가는 것이 중요하다.

올라 1~2억 원 이상은 가지고 있는 재산가들이었고, 돈 씀씀이도 엄청났다. 그러나 그 재산을 온전히 보존한 사람은 별로 없다. 오히려 너무 일찍 찾아온 횡재를 맛본 후, 계속 한탕만 노리는 투기꾼이 되어 버린 경우가 많다.

30대는 사회적 경력을 쌓아가고 만들어가는 때다. 계절로 치면 여름에 비유된다. 물론 30대 초중반에 성공의 기회를 잡았다면 이것도 행운이다. 겸허하게 받아들이고, 성공을 관리해 나갈 필요가 있다.

그러나 약관의 나이에 거둔 성공은 사람을 자만하게 한다. 돈 관리부터 가족관계에 이르기까지 문제를 일으키는 경우가 많다. 실제로 내 주변에서 너무 일찍 찾아온 성공이 오히려 독이 되어 가정생활이 어려워지거나, 심지어 감방에까지 가는 경우도 여러 번 보았다.

인생은 길다. 호흡을 길게 가져갈 필요가 있다. 초년의 어려움은 어떻게 보면 당연한 것이다. 나름대로 자기 분야에서 자리를 잡아 결실을 거두는 것은 30대 후반부터다. 행운의 여신이 손짓해주어 일찍 성공하더라도 겸허한 태도를 가져야 한다. 그리고 자만하지 않고 꾸준히 자기 길을 개척해서 가는 것이 중요하다. 초년의 성공은 오히려 중년의 어려움을 예고하는 경우가 많다는 것을 명심하자.

26
재주가 있어도 인내심이 없으면 때를 만나지 못한다

살다 보면 참고 기다리는 지혜가 필요할 때가 있다.
하락기에 자신을 지키면서 인내하는 법을 배워야 한다.

미국개척시대에 R. U. 다비라는 금광업자가 있었다. 커다란 금광맥을 찾아낸 그는 빚을 갚고 거부가 될 꿈에 부풀었다. 그러나 쏟아져 나오던 금맥이 어느 날 갑자기 끊어졌다. 금맥을 다시 찾기 위해 온갖 노력을 다했지만 실패했고, 실망 속에 채굴기계를 고철상에 팔아버렸다.

고철상 주인은 채굴기계를 치우기 전에, 혹시나 해서 파던 곳을 조금 더 파보았더니 그토록 애타게 찾던 금맥이 있었다. 다비는 금맥을 불과 3피트 남겨놓고 포기했던 것이다. 3피트

앞에 있는 성공을 잡지 못한 다비는 자신의 뼈아픈 실책을 되풀이하고 싶지 않았다. 다시 회사를 설립한 그는 생활신조를 바꾸었다. “3피트를 더 뛰어라.”

강상姜尙은 학문을 갈고 닦으면서 때를 기다렸다. 조강지처마저 자신을 버리고 도망갈 정도의 극심한 가난 속에서도 인내하면서 뜻을 꺾지 않았다. 강상은 80세가 되어서야 나중에 주나라 무왕이 되는 서백을 만난다. 그리고 주나라 재상이 되어 명성을 떨치면서, ‘주나라 사람들이 기다리던 재상’이라는 뜻의 태공망太公望이라는 칭호를 받기에 이른다.

위의 2가지 모두 인내의 중요성을 말할 때 자주 인용되는 사례들이다. 어떤 분야든 성공하기 위해서는 참고 견디는 시기가 있어야 한다. 복권 당첨을 제외하고는 인내하지 않고 얻어지는 것은 없다. 눈에 보이는 화려한 결과 뒤에 숨어 있는 인내와 노력을 읽지 못하면, 세상을 제대로 이해하지 못하고 있는 것이다.

인생을 살면서 어려운 시기는 누구에게나 찾아온다. 그리고 이 어려움은 시간이 가야 해결되는 경우도 많다. 어려울 때 잘 참고 견디는 지혜를 터득해야 한다.

나무는 봄, 여름, 가을, 겨울을 거치면서 살아나간다. 나무가 추운 겨울을 싫어한다고 봄이 오지는 않는다. 겨울이 지나가야 봄이 오는 것이다.

만약 나무가 겨울이 싫어서 "겨울아 가라!"고 외치면서 싹을 틔웠다고 치자. 그래 봐야 추운 겨울에 얼어 죽기 십상이다. 나무 혼자서 계절을 바꾸지는 못한다. 또 봄이 와서 싹을 틔우고 꽃을 피워야 하는 시기에, 이 나무는 추운 겨울을 생각하고 계속 움츠리고 있었다고 치자. 그러면 성장의 계절인 여름을 헛되이 보내고, 가을에 아무런 결과를 얻지 못한다.

사계절이 교차하듯이 사람의 삶이라는 것도 나름대로 상승과 하락이 교차한다. 나무가 봄에 싹을 틔우듯이 사람은 상승기를 충분히 활용할 줄 알아야 한다. 마찬가지로 나무가 겨울에 잎을 떨어뜨리고 참고 견디듯이 사람도 하락기에 자신을 지키면서 인내하는 법을 배워야 한다.

사회생활은 어떻게 보면 매일 참고 견디는 것이다. 샐러리맨이 받는 봉급은 일뿐만 아니라, 스트레스를 견딘 대가도 포함되어 있다고 하지 않는가? 그리고 누구나 때로는 견디기 어려울 정도의 스트레스를 받는다. 그러나 목표가 있고, 꿈이 있는 사람은 인내할 수 있다. 힘든 때와 어려운 시기를 견디는 힘은 꿈에서 나오기 때문이다.

반면 아무 생각 없이 견디기만 하는 것은 오래 갈 수 없다. 참는 것 자체가 무의미하게 느껴지기 십상이다.

겨울나무가 봄을 기다리며 추운 겨울을 견뎌내는 것처럼, 사람도 삶에서 완급을 조절하고, 꿈을 가지고 인내하고 기다리는 법을 배워야 한다. 참고 기다려야 할 때는 참고 기다리는 것이 최고의 방책이다. 그리고 현재를 참고 기다리는 힘은 미래의 꿈에서 나온다는 점을 기억하라.

27
막다른 골목에서도 가능성을 찾는다

현명한 자는 마지막 순간까지 기회를 찾는다.
시간이 내 편일 때 막다른 골목은 피할 수 있다.

중세시대 터키의 왕궁을 배경으로 한 이야기다. 어떤 대신이 터키의 왕인 술탄의 비위를 건드렸다. 화가 치민 술탄이 대신을 처형하려 하자, 대신은 약속 하나를 청했다. 그는 왕의 애견을 교육시켜 1년 내에 사람의 말을 하도록 하겠다고 했다. 술탄은 대신의 말을 믿지 않았지만 청을 받아들였다. 대신에게 동료들이 걱정하면서 가능하냐고 물었다. 대신은 대답했다.

"아마도 어려울 것이다. 그러나 나는 1년의 시간을 벌었다. 1년 안에 내가 병으로 죽는다면 다행이다. 1년 안에 술탄이

마지막까지 가능성을 찾고
의지를 잃지 않는 것이야말로 현명한 자의 지혜다.

죽는다면 나는 살 수 있다. 만약 개가 1년 내에 죽어버리면 내 목숨도 건질 수 있을 것이다. 혹은 개가 1년 안에 말을 할지도 모르는 것 아닌가."

세상을 살다 보면 막다른 골목에 왔다는 생각이 들 때가 가끔 있다. 갑자기 실직을 하거나, 믿었던 사람에게 배신을 당하거나, 열의를 가지고 추진했던 일이 허사가 되는 등 여러 가지 상황에서 사람들은 막다른 골목이라는 느낌을 가진다.

그러나 술탄의 우화에 나오는 대신처럼, 마지막까지 가능성을 찾고 의지를 잃지 않는 것이야말로 현명한 자의 지혜다. 어떤 상황에서도 돌파구는 있기 마련이다. 오히려 완전히 끝장났다고 느낄 때가 반전의 시점인 경우가 많다. 막다른 골목이라고 생각되더라도 끝까지 가능성을 찾아라. 시간이 내 편일 때 막다른 골목을 피할 수 있다.

"살다 보면 갑자기 인생이 암흑 속에 빠진 느낌이 들 때가 있다. 그러나 정신을 차리고 살펴보면 어디선가 희미한 불빛이 보인다. 불빛을 따라가다 보면, 갑자기 환해지면서 세상은 밝아진다. 한동안 밝은 세상에서 살다 보면 다시 암흑 속에 빠져 새로운 빛을 찾는다. 이 과정의 반복이 사람의 삶인 듯하다."

신화 연구가인 이윤기의 말이다.

나는 아직 많이 살지는 않았지만, 삶 자체가 부침을 겪으면서 나아가는 것이라고 느낀다. 좋은 시절에 겸손하고, 어려울 때 마음을 가다듬으면서 용기를 잃지 않는 지혜는 인생이라는 바다를 항해하면서 꼭 가지고 다녀야 할 나침반이다.

3장

평판이 사라지면
당신도 사라진다

28
우리는 어항 속에 산다

서너 다리만 건너면, 모든 사람은 아는 사이다.
누구를 만나더라도 항상 올바로 행동해야 한다.

영화 〈엑스맨: 퍼스트 클래스〉 〈아폴로 13〉 〈일급살인〉 〈JFK〉 등에 출연한 영화배우 케빈 베이컨은 1994년 1월 한 잡지와의 인터뷰에서 출연작을 통해 할리우드의 모든 배우와 연결되어 있다고 언급했다. 이 말이 계기가 되어 그와 할리우드 배우와의 관계를 측정하는 케빈 베이컨 게임이 크게 유행한 적이 있었다.

게임은 케빈 베이컨과 다른 배우가 연결되는 단계를 찾는 단순한 규칙만 있다. 즉 이 사람과 영화에 함께 출연한 관계를 1단계라고 했을 때, 다른 배우들이 케빈 베이컨과 몇 단계 만에 연결될 수 있는가를 찾는 것이다. 예를 들어 메릴 스트립은 케빈 베이컨과 〈리버 와일드〉에 출연했으니 1단계다. 로버트 레드포드는 메릴 스트립과 〈아웃 오브 아프리카〉에 출연했으니, 메릴 스트립을 거쳐 케빈 베이컨과 연결되므로 2단계라는 식이다.

게임 결과, 미국의 배우는 대략 20만 명 정도인데 케빈 베이컨과 평균 3.65단계로 대부분 연결되어 있었다. 다시 말하면 평균 3.65명의 사람만 거치면 20만 명의 영화배우가 모두 연결된다는 것으로, 미국 영화계가 생각보다 좁다는 것이다.

이런 현상은 영화계에만 있는 것이 아니다. "여섯 다리만 건너면 지구 위의 사람은 모두 아는 사이"라는 서양의 속담대로 60억 인구도 5단계만 거치면 산술적으로 모두 아는 사이라고 한다.

실제로 1967년에 미국에서 처음으로 이 같은 사회연결망 조사가 있었다. 당시 미국인들은 5.5단계만 거치면 모두가 아는 사이라는 결론이 나왔다. 우리나라에서는 2004년 1월에 중앙일보와 연세대학교가 사회연결망 조사결과를 발표했다. 결론은 놀랍게도 3.6명이었다. 전혀 모르던 사이라도, 세 사람 또는 네 사람만 거치면 다 알게 된다는 말이다. 어떻든 우리나라는 미국보다 한결 '좁은 세상'인 것이다.

"세상 정말 좁다."라는 말을 많이 한다. 처음 만나서 인사한 사람이 아주 친한 친구의 옆집에 살고 있거나, 형님의 중학교 동문, 동생의 학교선배라는 등 생각보다 가까운 관계로 확인되어 놀라는 경험은 누구나 가지고 있을 것이다.

특히 사회생활을 하면서 사람들을 만나다 보면, 내가 속한 세상이 의외로 좁다고 느껴질 때가 있다. 케빈 베이컨 게임이나 사회연결망 조사의 숨은 뜻은 사실 일상생활 속에서 자주 경험하는 것에 불과하다.

나 자신도 사회생활을 하면서 세상이 좁다는 것을 자주 느낀다. 업무상 만난 사람이 내가 아는 사람과 관계가 있다는 것을 알게 되면서, 일이 잘 풀리는 경우도 있고 반대로 일이 꼬이는 경우도 자주 겪는다. 특히 금융, 증권, 건설, 출판, 예술 등 한 분야에서 몇 년씩 일하다 보면, 그 분야의 모든 사람은 사실 2단계 정도로 연결되어 있다고 보아도 무방하다.

우리가 사는 세상은 넓어 보이지만 사실은 좁다. 우리는 어항 속에 살고 있는 것이다. 넓어 보이지만, 눈만 돌리면 상대방을 바로 볼 수 있는 좁은 세상이다. 좁은 세상에서 내가 남과 연결되어 있다는 것은, 남들도 나와 간단히 연결되고, 나에 대해 쉽게 알 수 있다는 의미다.

이렇듯 좁은 세상에서는 내가 모른다고 함부로 대해도 무방한 사람은 없다. 어항 속과 같이 서로를 바라볼 수 있는 작고 투명한 세상에서, 나의 무례하고 비양심적인 행동은 금방 어항 속으로 퍼져나가게 되어 있다.

세상에 비밀은 없다고 하는 이유가 바로 케빈 베이컨 게임에 나타나 있다. 항상 올바로 행동하고, 모르는 사람을 아는 사람보다 더 조심해야 하는 이유가 바로 여기에 있다.

29

평판이 사라지면 당신도 사라진다

//

어항 속 세상에서 평판을 잃으면 세상을 잃는 것이다.
좋은 평판을 얻는 최대의 방법은 합리성과 정직함이다.

사람의 언어가 고도로 발달한 이유는 무엇일까? 동료에게 위험을 알리기 위해서, 사냥할 때 협력하기 위해서, 아니면 부모와 자식 간의 애정을 표현하기 위해서일까? 진화심리학자인 로빈 던바는 잡담하기 위해서 사람의 언어가 발전했다고 한다. 그리고 잡담은 다른 사람들에 대한 시시콜콜한 이야기를 듣는 것이 목적이다.

100만 년 전까지 유인원은 약 70~80명의 집단을 이루어 살았다. 약 15만 년 전에 출현한 현생인간은 약 150명의 집단으로 커졌다. 집단이 커질수록 사냥도 잘 되고, 맹수에 대항하기도 쉬워지는 장점이 있다.

이윽고 집단이 커지면 구성원 간의 갈등도 동시에 커진다. 80명 이내의 집단에서는 사람들끼리 서로 직접 알고 지낸다. 하지만 150명 정도가 되면, 사람들 모두가 직접 알고 지낼 수는 없다.

이는 집단 내에서 잘 모르는 다른 사람에게 속을 수 있다는 위험이 생긴 것을 의미한다. 따라서 인간은 이 때부터 서로의 평판, 신뢰성에 대해 알아야 할 필요가 생겼고, 이것이 언어가 발달하게 된 원인이라는 것이다.

원시사회에서 평판이 전달되는 경로를 보자. 예를 들어 A와 B는 친구다. B는 C와 친구다. A와 C는 서로 모른다. 만약 C가 A에게 닭 한 마리를 빌려달라고 하면 A는 C를 잘 모르기 때문에 B에게 C의 평판과 신뢰성을 물어본다.

만약 B가 C를 못 믿을 사람이라고 대답하면, A는 C의 제

개인에게 인맥과 평판은 아주 중요한 무형자산이다.
좋은 평판을 얻기 위한 최대의 방법은 합리성과 정직함이다.

안을 거절한다. 이런 식으로 A, B, C들이 각각 서로에 대한 평판과 신뢰성 정보를 계속 교환하기 위한 것이 언어가 발달된 이유라는 것이다.

현대사회도 마찬가지다. 사람들은 계속 만나고, 서로 잡담을 한다. 끊임없는 잡담 속에서 얻어가는 가장 중요한 정보는 이해관계를 가진 다른 사람에 대한 정보다.

만약 갑이 잘 모르는 사람 을에게 동업을 제안받았다면, 갑은 먼저 을이 믿을 수 있는 사람인지, 사기꾼인지부터 알아볼 것이다. 만약 갑이 을의 정체를 도저히 알아낼 수 없으면, 을은 갑을 속일 수 있다.

그러나 우리는 어항 속에서 산다. 좁은 세상에서 살기 때문에 갑이 을에 대한 평판을 듣는 것은 그리 어렵지 않다. 그리고 을이 그간 쌓아온 평판은 갑의 결정에 큰 영향을 미칠 것이다. 요즘처럼 인간관계가 대규모 네트워크로 변하는 시대에 평판을 잃는다는 것은 사회적으로 사라진다는 것과 동일한 의미다.

내 경험으로도 경력사원을 뽑거나, 내가 잘 모르는 사람과 일을 하게 될 경우, 먼저 그 사람의 평판을 알아본다. 그리고 몇 군데에서 듣는 평판은 거의 일치한다. 사람 간의 친분관계에 따라 표현의 차이는 있지만, 한 사람이 사회생활에서 얻은 일반적 평판은 거의 동일하다. 인터뷰에서 좋은 인상을 받았으나, 나쁜 평판 때문에 입사가 거절되는 경우는 흔하다.

특히 30대 후반으로 사회생활이 10년 이상 되면, 한 개인이 쌓은 사회적 평판은 감출 수 없게 된다. 더욱이 나이가 많아지고, 사회생활을 오래 하고, 지위가 올라갈수록 평판은 중요해진다.

개인에게 인맥과 평판은 아주 중요한 무형자산이다. 사람을 많이 아는 것도 중요하지만, 아는 사람들 간에 자신이 어떤 평판을 얻고 있는지는 더욱 중요하다. 원칙에 입각해 올바른 행동을 함으로써 얻은 좋은 평판이 없다면 인맥은 무의미하다.

좋은 평판을 얻기 위한 최대의 방법은 합리성과 정직함이다. 미국 링컨 대통령의 말을 생각해보자. "몇 사람을 오래 속일 수 있다. 많은 사람을 잠깐 속일 수 있다. 그러나 많은 사람을 오래 속일 수는 없다."

30
인맥은 사람만 많이 아는 것이 아니다

신뢰가 뒷받침되어야 인맥으로 발전한다.
중요한 사람과는 깊은 신뢰관계가 필수적이다.

"퍼스트레이디 시절, 내가 배운 가장 중요한 교훈 중 하나는 세계무대의 외교 정책이 리더들끼리의 개인적 관계에 의해 좌우된다는 것이었다. 이념적으로 다른 국가라도 리더들 사이에 신뢰감이 있다면 협력 가능하다."

자서전인 『살아있는 역사』에서 힐러리 클린턴이 회고한 말이다. 국가지도자 간의 친분관계가 국가의 존망에도 영향을 미칠 정도로 인간관계가 중요하다는 것이다.

사람이 사회를 이루어 살기 시작하면서, 힘 있는 사람과 알고 지내는 것은 생존에 중요한 요소였다. 특히 인적 네트워크의 중요성이 커지는 현대사회에서는 다양한 정보를 얻기 위한 인맥의 중요성도 커지고 있다. 오죽하면 21세기에는 정보망 지수인 인맥 지수NQ; Network Quotient가 경쟁력을 좌우한다고까지 표현하겠는가.

잘 구축된 인적 네트워크는 한 개인의 성장과 발전을 이루는 데 더 많은 기회를 제공하는 중요한 자산이 되기 때문이다. 이런 배경에서 많은 사람들이 인맥을 쌓기 위해 노력하고, 인맥 쌓기와 관련된 책이 베스트셀러가 되고 있다.

그럼 인맥의 힘은 구체적으로 어떻게 표현할 수 있을까?

인맥의 힘 = 아는 사람의 숫자×아는 사람과 쌓은 신뢰의 크기

아는 사람의 수(인맥의 넓이, 양)는 많아도 신뢰(인맥의 깊이, 질)를 쌓지 못했거나, 반대로 신뢰는 쌓았지만 아는 사람의 수가 너무 적은 경우는 인맥이라고 하기 어렵다.

모든 것에는 양적 요소와 질적 요소가 있듯이, 인맥 역시 마찬가지다. 양적으로는 풍부하나 질적으로 뒷받침되지 못하는 인맥은 진정한 인맥이 아니다. 아는 사람은 많은데 그 사람들과 신뢰관계가 없다면, 사람을 안다는 것이 무슨 의미가 있겠는가. 반대로 아는 사람과 신뢰관계는 있지만, 아는 사람의 수가 너무 적으면 인맥이라고 할 수 없다. 인맥이 가치를 갖기 위해서는 최소한의 크기가 뒷받침되어야 하기 때문이다.

주변에 인맥 좋다고 하는 사람을 보라. 아는 사람도 많지만, 사람들과 기본적 신뢰관계 또한 가지고 있을 것이다. 특히 중요한 사람과는 깊은 신뢰관계를 구축하고 있는 경우를 자주 본다.

사회생활에서 성공하기 위해 인맥이 중요하다고 느낀다면, 인맥의 양적 요소와 질적 요소를 잘 이해해야 한다. 매사는 양질의 균형이 잡힐 때 의미를 가진다. 양적으로 명함만 뿌리는 식의 저인망식 인맥 만들기는 사실 성과도 없이 몸만 피곤할 뿐이다. 동시에 몇 명의 친구와 지인들과 쌓은 질적으로 높은 신뢰관계는 사회생활에 필요한 인맥이라고 하기에는 많이 부족하다.

인맥을 만들고 싶다면, 신뢰를 바탕으로 아는 사람을 늘려나가라. 그리고 중요한 사람과는 분명히 깊은 신뢰관계를 형성하라. 그것이 인맥 쌓기의 핵심이다.

31
인맥을 쌓기 이전에 내면적 자부심부터 길러라

//

내면적 자부심이 없으면, 비굴한 줄서기밖에 할 수 없다.
좋은 인맥은 내면적 자부심이 뒷받침될 때 만들어진다.

인맥이 중요해지다 보니 인맥을 효과적으로 쌓기 위한 좋은 방법들을 조언하는 책들도 많다. 이런 책들에는 인맥관리를 위한 실질적인 좋은 조언들이 많다. 예를 들어 '명함을 잘 관리하라.' '감사메일을 잘 보내라.' '영향력 있는 사람을 잘 찾아라.' 등이다.

나는 인맥을 쌓기 이전에 자기 자신의 내면적 자부심을 먼저 키우라고 말하고 싶다. 내면적 자부심이 뒷받침되지 않는다면, 아는 사람을 만들어서 막연히 줄서는 것이 고작이다.

인간관계란 상대방에 대한
인정과 존경심에서 출발하는 것이다.

그리고 이것은 상호 간에 존경심과 신뢰를 가지고 유지하는 인맥의 개념과는 거리가 멀다. 아는 사람에게 비굴한 줄서기를 하는 것에 불과한 것이다.

내면적 자부심이 무슨 소리냐고 되물을지 모른다. 내면적 자부심이란 하루아침에 만들어지는 것도 아니고, 어떻게 보면 평생 걸려도 못 쌓을 수도 있다. 그러나 인간관계란 상대방에 대한 인정과 존경심에서 출발하는 것이다. 이는 상대방에게 최소한의 인정과 존경심을 가지게 하려면 내면적 자부심이 있어야 한다는 말에 다름 아니다.

내가 증권회사에서 대리로 있을 때였다. 과장 한 분과 팀을 이루어 영업을 하던 시기가 있었다. 나와 팀을 이룬 분은 좋은 집안에서 태어나 소위 명문고, 명문대를 졸업했다. 출신과 배경이 좋아 여기저기 아는 사람도 많았다.

그러나 함께 영업을 다니면서, 기대는 완전히 실망으로 변하고 말았다. 아는 사람을 열심히 찾아 다녀도, 제대로 대접받는 경우가 없었기 때문이다. 선배님, 형님 하면서 찾아가지만 상대방이 귀찮아하는 빛이 역력했다. 사람을 대하는 태도가 마마보이처럼 자신감이 없었고, 항상 주눅이 들어 있다 보니 동창생을 찾아가도 냉대받기 일쑤였다. 나는 이것을 보고, 자부심이 뒷받침되지 않는 인맥이란 아무 의미가 없다고 느꼈다.

개인적 인맥이 중요해지다 보니, 모든 사람들이 나름대로 인맥관리를 한다. 명함도 잘 관리하고, 간간이 연락하면서 나름대로 노력을 많이 기울인다. 그러나 사람마다 가진 인맥의 힘은 모두 다르다. 이러한 차이는 개인의 성격, 능력과 분야가 다르기 때문에 불가피한 것이다. 인맥 쌓기에도 능력차가 있는 것이다.

분명한 것은 내면적 자부심 없이 진정한 인맥은 넓든 좁든 절대로 형성되지 않는다. 사람만 단순히 알고 있다는 것과 인맥은 다르기 때문이다.

아는 사람이 인맥이 되려면, 상호간의 인격적 존중이 기본적인 출발이다. 상호 관심사나 이해관계가 비슷하면 더욱 좋다. 인격적 존중 없이 이해관계만 일치한다면, 일시적 비즈니스 파트너에 불과하다. 따라서 상대방에게 인격적인 존중을 받으려면 자신이 내면적 자부심을 갖추어야 한다. 내면적 자부심이 없는 사람이 상대방에게 인격적 존중을 받기는 어렵기 때문이다.

인맥을 쌓으려면 내면적 자부심도 함께 길러라. 그렇지 않으면 아는 사람만 대충 늘어날 뿐 진정한 인맥은 만들어지지 않는다.

32

아는 사람이 잘되는 것을 진심으로 기뻐하라

아는 사람이 잘되는 것을 시기하거나 질투하지 말라.
그가 잘되면 내가 잘될 가능성 또한 높아진다.

"사촌이 땅을 사면 배가 아프다."라는 말이 있다. 아는 사람이 잘되는 것에 대한 시기심을 표현한 속담이다. 과연 그럴까?

과거 농경사회에서는 사회의 변동이 심하지 않았다. 한 개인이 재산을 축적할 수 있는 길은 난세에 공을 세우거나, 근면성실로 노력해 모은 돈으로 논밭을 사는 것 정도였다. 이런 사회에서는 사람 간 교류의 범위도 제한되어 있다. 좁은 사회에서 가까운 이웃이 잘되는 것은, 분명히 나의 이익을 침해할 가능성이 크다. 소위 제로섬 게임에서 한 사람의 재산 증식은 다른 사람의 재산 감소를 의미하거나 최소한 나와는 상관없는 일이다.

그러나 현대는 변화가 많고, 발전이 빠른 사회다. 이런 사회에서 개인의 경쟁력은 개인 자체의 능력을 포함해 개인의 인적 네트워크로 결정된다. 즉 현대사회에서 개인의 능력은 소속된 다양한 인적 네트워크의 힘으로도 파악되는 것이다.

이런 사회에서는 아는 사람이 잘되는 것은 곧 나의 인적 네트워크가 강해진다는 것을 의미한다. 다시 말해 모르는 사람이 잘되는 것보다 아는 사람이 잘되는 것이 나에게 득이 되는 것이다.

나는 철이 늦게 들어서인지, 아는 사람이 잘된다는 것이 나에게 좋은 것이라는 점을 잘 알지 못했다. 그냥 인간적 관계 속에서 축하해줄 일이라고만 느꼈다. 그러나 사회생활을 하다 보니, 아는 사람이 잘된다는 것은 나에게 실질적으로 좋은 것이라는 점을 분명히 알게 되었다. 말했듯이 나의 인적 네트워크가 강해지는 것이기 때문이다.

학교동창, 전 직장의 동료 등 이런저런 사람들이 잘되는 것은 나에게도 분명히 좋은 것이다. 특히 학교 다닐 때 만났던 친구들이 잘된다는 것은, 인간적 기쁨과 더불어 실질적 힘이 되는 일이다.

학생시절에는 인간관계 자체로 사람을 만날 수 있다. 그러나 사회생활에서는 인간관계의 바탕 위에 상호간의 도움이 되어야 지속적으로 관계가 유지된다. 사회생활 속에서 가장 바람직한 인간관계는 서로 도움을 주면서 같이 잘되는 관계라고 생각한다.

아는 사람이 잘되는 것을 기뻐해야 한다. 왜냐하면 내게 좋은 것이기 때문이다. 사촌이 땅을 사면 배 아파할 것이 아니라 춤을 춰라. 나의 인적 네트워크가 강해지는 것이기 때문이다. 나아가 사촌이 땅을 살 수 있도록 도와주어라. 잘되는 사촌이 나에게 고마움을 느끼고 있다면 나에게는 더 좋은 일이기 때문이다.

33
타인의 관심에 반응하는 법을 배워라

조그만 관심에 대한 조그만 반응이 모여 큰 것이 된다.
간단한 메일이라도 꼭 답장하는 정성을 보여라.

2003년에 첫 책을 출간하고 난 뒤, 처음 낸 책이기도 해서 주변 사람들에게 간단한 인사말과 함께 한 권씩 보냈다. 친지와 선후배를 포함해서, 업무상 만났던 분들에게도 인사 겸 보냈었다.

특별한 반응을 기대하지는 않았지만, 책을 받고 난 후 보이는 반응은 여러 가지였다. 아무 소식 없는 경우, 전화를 직접 해서 책 받았다고 인사하는 경우, 메일로 감사표시를 하는 경우, 감사전보를 보내오는 경우, 답례로 다른 책이나 물건을 감사편지와 함께 보내오는 경우 등 다양했다.

나는 이러한 반응들을 보면서, 재미있는 점을 발견했다. 단적으로 말하면, 간단한 메일이라도 보내는 사람들은 성공한 사람들이 많았다. 예를 들어 중견기업의 창업주인 어떤 분은 답장과 함께 간단한 답례품을 보내왔다. 1년 전쯤 한 번 식사를 같이 한 것이 인상 깊어 책 한 권 보내드렸을 뿐인데 말이다. 반면 가깝다고 생각한 선후배라도 아무 반응이 없는 경우도 적지 않았다.

한 분야에서 일가를 이루고 성공한 사람은 타인의 관심에도 반응할 줄 아는 사람이라는 것이 내 생각이다. 다시 말해서 메일이나 전화라도 해준 사람들은 나와 개인적으로 가까운 사람보다는 사회적으로 성공한 사람들이 많았다.

물론 개인적으로 가깝기 때문에 메일 보내는 것이 새삼스러울 수 있다. 그리고 사장, 임원 분들이 답장메일을 보내고, 답례편지를 보내는 것이 비서를 시킨 의례적인 것일 가능성을 부인하지 않는다.

내가 말하고 싶은 핵심은 성공한 사람들은 의례적일지라도 타인의 관심에 반응할 줄 안다는 것이다. 반면 보통사람들은 '마음으로 감사하면 그만이지, 굳이 나타낼 필요가 뭐 있나.' 라고 흔히 생각한다.

부모 없이 자란 고아들이 사회생활에서 가장 어려움을 겪는 것은, 타인과의 감정소통이라는 글을 본 적이 있다. 고아들은 기쁨, 슬픔, 분노 등의 자기 감정들을 편하게 표현하고, 가족들과 감정을 교류할 기회가 적다. 그러다 보니 자신의 감정을 그때그때 나타내지 못하고 혼자 삭이는 경우가 많다. 누구를 좋아해도 좋다는 표현이 서툴고, 싫은 감정도 혼자 꾹 참는 것이다. 그러다 도저히 견디기 어려울 때가 되어야, 자기감정을 폭발시키는 경우가 많다고 한다.

문제는 상대방의 감정이다. 별다른 감정교류 없이 있다가, 갑자기 자기에게 호감이나 적개심을 폭발시키는 상대에게 당황하지 않을 사람은 없다. 감정의 진폭이 크다고 느끼는 사람과 자연스러운 인간관계를 만들기는 어려운 법이다.

타인의 조그만 관심에 조그만 반응을 적절히 보이는 것이, 인간관계에서 큰 신뢰의 출발이 된다. 남녀관계도 마찬가지 아니던가? 상대방이 조그만 관심을 보일 때, 좋으면 좋은 반응, 싫으면 싫은 반응을 무례하지 않게 나타내는 것이 서로에게 좋은 것이다.

사회생활은 더 그렇다. 상대방의 관심과 배려에 내 나름의 반응을 적절히 보이는 것은 아주 중요하다. 내가 고마워하고 있다는 것을 상대방에게 적절히 알릴 필요가 있다. 때로는 내가 싫어하는 부분을 상대방이 불쾌감을 느끼지 않게 이해시키는 것도 중요하다.

사소하고 작아 보이더라도 상대방의 반응에 적절히 반응할 줄 알아야 한다. 이것은 간단한 메일이라도 꼭 답장을 하는 작은 습관에서 출발한다. 이런 작은 반응들이 모여 큰 신뢰를 만든다.

34
논리적으로 이해시키되 감정에 호소할 줄 알아야 한다

//

사람은 감정을 가지고 있다는 점에서 독특하다.
논리적 설득보다 감정적 호소에 더 강력하게 반응한다.

생명보험 세일즈맨이 고객을 만난다. 세일즈맨은 납부할 보험료, 사망시 보험금, 예상되는 금리 등을 열심히 설명한다. 고객은 보험상품이 우수하고, 자신에게도 필요하다는 것을 논리적으로 이해했다. 그러나 최종적인 결정을 하지 않는다. 몸이 달아 오른 세일즈맨은 다시 보험료, 보험금, 금리 등 상품의 우수성을 설명해서 가입시키려 한다. 그러나 고객은 여전히 결정하지 못한다.

여기서 다시 똑같은 설명을 반복하는 것은 2류 세일즈맨이다. 1류 세일즈맨은 감정에 호소하면서 계약을 마무리할 줄 안다. "지금 가입하시면, 초등학교 1학년인 아드님이 어떤 경우에도 대학을 졸업해서 사회생활을 하실 수 있습니다. 아드님의 미래를 생각한다면 지금 결정하십시오."

인간이 다른 동물과 구별되는 특징은 사고능력과 복잡한 감정이다. 흔히 좌뇌, 우뇌로 표현되듯이 이성과 감성은 인간의 정신을 양분한다. 물론 동물들도 두려움, 슬픔, 분노와 같은 단순한 감정은 느낀다. 그러나 아름다움, 애상, 그리움과 같은 복잡한 감정은 인간의 고유한 것이라고 한다.

사람들을 움직일 때 논리적 이해는 필수적이다. 그리고 감정적 호소가 따른다면 더욱 효과적이다.

다니엘 골먼은 『감성의 리더십』이란 책에서 다음과 같이 말한다.

"비즈니스 세계에서 지성에 높은 가치를 두는 경향이 있다 해도, 사실 감성이 지능보다 큰 힘을 가지고 있다. 이처럼 감

사람들을 움직일 때 논리적 이해는 필수적이다.
그리고 감정적 호소가 따른다면 더욱 효과적이다.

정에 큰 힘이 주어진 까닭은 생존을 위해 없어서는 안되는 것이며, 뇌가 우리에게 위험을 알리고 행동을 취하게 하는 통로 역할을 하기 때문이다."

골먼은 위기에 빠진 회사를 구하기 위해 논리적 설득에만 의존한 CEO가 실패한 사례를 들면서, 감성적 호소를 무시해서는 비즈니스에서도 성공하기 힘들다고 주장한다.

성공하기 위해서는 인간의 감정적 측면을 이해하는 것이 필수적이다. 논리적 근거를 제시하면서 감정에 호소할 줄 알아야 한다.

감정에 호소한다는 것은 값싼 동정심을 유발하는 것과 다르다. 상대방에 대한 감정이입을 의미한다. 감정이입은 상대방의 문제를 자신의 문제처럼 생각하고 해결하려고 하는 태도이고, 자신의 느낌을 제대로 전달하는 능력이다.

새는 좌우의 날개로 날듯이, 인간은 논리와 감정의 두 날개로 난다. 그리고 비즈니스 세계에서도 의외로 감정의 날개는 논리의 날개보다 강한 경우가 많다. 왜냐하면 비즈니스 세계 역시 인간의 세계이기 때문이다.

사람들은 논리적인 설득에 반응하지만, 사실 감정적 호소에는 더 강력하게 반응한다. 회의에서 논리적으로 설득되는 것을 납득하는 사람일지라도, 감정적으로 모욕당한 것은 받아들이지 못하는 것을 잘 생각해보라.

35
동정보다 관용의 미덕을 배워라

지도자의 감정은 갈무리되어야 가치가 있다.
리더가 되려면 동정보다 관용의 정신을 배워라.

"동정이란 현재 눈앞에 있는 결과에 대한 정신적 반응이고, 그 결과를 낳은 요인에 대해서는 생각이 미치지 않는다. 반면에 관용은 그것을 낳은 요인까지 고려하는 정신적 반응이라는 점에서 지성과도 완벽하게 공존할 수 있다."

고대 로마의 철학자 세네카는 어린 네로를 가르쳤다. 네로가 16세의 나이로 황제가 되자 지도자로서의 덕목을 갖추기 바라는 마음에서 『관용에 대해』란 책을 펴내기도 했다. 비록 네로는 실패한 지도자가 되었지만, 이 책은 60세 지식인의 열의가 담긴 명저로 평가받고 있는데, 위의 인용문은 이 책에 있는 구절이다.

동정의 감정만 넘치는 사람은 사물에 대한 논리적 접근이 없다. 그저 '불쌍하다. 가슴 아프다. 도와주어야 한다.'는 식이다. 해법도 막연하다. '서로 좀 더 이해하자. 대화를 하면 해결된다. 조금씩 양보해서 타협하자.'는 식이다. 이런 사람은 사물을 보는 논리적 관점이 부족하다. 따라서 자신의 느낌이 논리적으로 갈무리되는 과정이 없다.

이들은 사회와 조직의 복잡함과 연관성에 대해 이해하지 못한다. 이들의 눈에는 표면적 현상만 보일 뿐, 숨어있는 본질은 보지 않는다. 어려움에 빠진 농민, 서민, 노동자, 중소기업, 청년실업자, 공무원 모두 사회가 도와야 된다고는 하면서도, 이를 위한 돈을 어떻게 만들어야 하는지에 대해서는 관심도 없고, 생각도 하지 않는다.

반면에 관용의 정신은 논리적 접근이 따른다. 이는 사물의 이면에 대해서 생각하기 때문이다. '불쌍하다. 왜 이렇게 되었을까? 그 원인을 해소하는 방법은 없을까?' 하는 식이다.

감정은 논리적인 접근으로 갈무리된다. 해법도 다를 수밖에 없다. '서로 대화를 통해 충분히 이해하자. 각자의 이해득실은 무엇인가? 모두가 아닌 가능한 많은 사람이 만족하는 대안은 무엇인가?'라는 식이다. 현실을 개선하기 위한 가능성을 부정하지 않지만, 동시에 현실적 한계를 이해하고 있다. 무엇보다 모든 사람을 만족시키는 방법이 없다는 것을 알고 있다.

사람은 좌우의 뇌로 생각하고 느낀다. 합리성과 감성의 두 날개로 생각하고 느낀다. 리더십에서 갖추어야 할 덕목은 합리성과 감성의 균형이다. 합리성만 가지고는 사람의 마음을 잡을 수가 없고, 감성만 가지고는 조직을 이끌지 못한다.

흔히 지도자는 따뜻한 마음을 가져야 한다고 말한다. 이 따뜻한 마음은, 세네카의 표현을 빌리자면 관용의 정신이지, 동정의 감정은 아니다.

많은 사람들이 리더가 되고 싶어한다. 그러나 자질이 부족한 사람이 리더가 되면, 리더 자신이나 추종자들이나 피차 스트레스는 불가피하다. 따라서 리더가 되고 싶다면 리더의 덕목을 쌓아야 한다. 리더가 되려면 동정보다 관용의 정신을 배워라.

36
겸손은 강한 자의 특권이다

약한 사람이 자신을 낮추는 것은 비굴이다.
강한 사람이 자신을 낮출 때는 힘이 생긴다.

20세기 초 개화기 우리나라에서, 서양사람 눈에는 아주 특이한 대나무 컵이 팔리고 있었다고 한다. 물을 부어 80%(팔 푼) 정도가 되면, 밑이 빠져 물이 쏟아져 버리는 것이었다.

이는 단순한 컵이 아니라 밥을 먹어도 팔 푼을 넘겨 먹으면 배탈이 나고, 부귀와 권세도 팔 푼을 넘으면 이 컵의 물처럼 쏟아져 버리므로, 겸손하고 자신을 낮추라는 교훈을 얻기 위한 물건인 것이다. 이 컵을 '계영배戒盈盃'라고 하는데, 어떤 정치인이 지인들에게 선물로 주어 유명해진 적이 있다.

겸손이란 남을 높이고 자신을 낮추는 것을 말한다. 강한 사람은 겸손해질 수도 있고, 거만해질 수도 있다. 강한 사람이 자신을 낮추는 것은 겸손이고, 자신을 높이는 것은 거만이다. 약한 사람은 겸손해질 수 없다. 자신을 낮출 수 없기 때문이다. 약한 사람이 자신을 낮추는 것은 비굴이고, 자신을 높이는 것은 허풍이다.

겸손은 미덕이고 겸손한 사람은 존경을 받는다. 그러나 겸손해 지려면 먼저 강해져야 한다. 강한 사람만이 겸손을 선택할 수 있다. 약한 자에게 겸손은 선택할 수 없는 덕목이다.

열등감이 강한 사람은 자신을 낮추기 어렵다. 자신을 낮추려고 하면, 상대방에게 비쳐지는 자신부터 신경 쓰이기 때문이다. 열등감이 태도의 기본으로 깔린다. 이런 사람들은 비굴해지거나, 허풍을 떨거나, 무관심을 가장하는 방법밖에 없다.

먼저 사회생활이나 조직생활에서 강해져야 한다. 꼭 1등이 될 필요는 없다. 그러나 자신의 일에 자부심을 가지고, 자신의 삶에 자부심을 키워야 한다. 자신의 일에서 일정한 성과를

겸손이란 남을 높이고 자신을 낮추는 것을 말한다.
겸손은 미덕이고 겸손한 사람은 존경을 받는다.

내고, 삶에 대한 내면적 가치관이 뚜렷한 사람만이 강해질 수 있다. 그리고 강한 사람만이 겸손해질 수 있다.

강한 사람이 자신을 낮출 때 힘이 생긴다. 약한 사람이 자신을 낮추어봐야, 무시당하는 것이 세상 인심이다. 무시당하는 사람은 겸손해질 수 없다. 먼저 강해져라. 강해진 다음 겸손이라는 미덕을 선택하라. 아니, 겸손해지기 위해서라도 강해져라.

37

벤치마킹 대상은 주변에서 찾아라

//

좋은 벤치마킹 대상을 주변에서 찾아보라.
역할모델은 나와 가까운 곳에 있어야 한다.

좋은 집안, 훌륭한 집안이란 무엇일까? 흔히 말하는 출세한 사람, 돈 번 사람이 많다고 좋은 집안이라고 할 수는 없다. 출세하고 돈을 많이 번 집안이 가족 간 갈등이 극심하고, 존경받지 못하는 경우는 많이 있다.

나는 좋은 집안, 훌륭한 집안이란 좋은 역할모델이 많은 집안이라고 정의하고 싶다. 어린이는 자라나면서 교사, 의사, 회사원, 공무원 등 나름대로 다양한 꿈을 가진다. 집안 친척 중 교사, 의사 등 다양한 영역에서 올바르게 살아가는 사람들이 많고, 이들이 집안의 다음 세대에게도 훌륭한 역할모델이 될 수 있다면 좋은 집안인 것이다.

좋은 회사, 훌륭한 회사도 마찬가지다. 좋은 회사란 후배사원들에게 본보기가 되는 상사가 많은 직장이다. 좋은 상사가 많은 직장은 일하기도 좋을 뿐더러, 상사와 함께 일하면서 배울 것도 많은 법이다.

반면에 형편없는 상사만 득실거린다면 일하기도 힘들고, 상사랑 일하는 것 자체가 직장생활의 스트레스를 몇 배로 증폭시키기 마련이다. 이런 직장은 다니기조차 힘들다.

타고난 천재를 제외하면 보통사람들은 선배와 친구들을 통해서 보고 배우며 성장해 나간다. 대학 신입생이나, 사회생활 신참시절에 훌륭해보이는 선배들을 열심히 따라다닌 기억은 누구나 있을 것이다.

특히 직장생활에서는 일을 같이하는 선배나 동료들을 통해서 배우는 것이 절대적이다. 학교에서와 달리 사회생활에서는 일을 같이 하는 사람을 통해 구체적 현실을 이해하기 때문이다.

사회생활을 시작했다면 좋은 벤치마킹 대상을 주변에서 찾아보라. 어린 시절의 역할모델, 달리 말해 벤치마킹 대상은 대개 세종대왕, 이순신, 링컨, 나폴레옹 같은 위대한 인물이다. 역사적 인물들은 어린이들에게 막연하지만 큰 꿈을 키워주기 때문이다. 그러나 성인이 되어서는 좀더 구체적인 벤치마킹 대상이 필요하다.

직장에서 전문성, 의사결정 능력, 사람과의 관계설정 능력이 뛰어난 사람을 벤치마킹해서 자신의 부족함을 메꿔 나가는 것이 가장 효과적인 자기계발 방법이다. 가장 강력한 학습은 '보고 배우는 것'이기 때문이다.

자기계발에 관한 책만 열심히 읽는 것은 막연하다. 책에 있는 사례들은 현실보다 미화된 경우가 많고, 구체적 내용이 모두 나타나지도 않기 때문이다.

나의 직장생활도 돌이켜보면, 주변에 좋은 분들에게서 좋은 영향을 많이 받았던 것 같다. 예를 들어 경제연구소에 근무할 때 모시던 상사 분의 경우, 지금은 다른 회사에 계시지만 아직도 좋은 역할모델이다. 같이 근무할 때는 그분에게서 꾸중도 많이 듣고, 스트레스도 많이 받았다. 그러나 당시에 같이 일하면서 알게 모르게 인정하고 배운 점이 많았던 것 같다. 특히 사물을 보는 탁월한 관점, 태도의 진지함, 타인에 대한 겸손함과 솔직함 등은 아직도 내게는 벤치마킹 대상이다.

기업만 벤치마킹을 하는 것이 아니다. 개인도 성공하기 위해서는 벤치마킹을 해야 한다. 주변에 벤치마킹의 대상을 찾아보라. 친구도 좋고, 선후배도 좋고, 직장상사도 좋다. 배울 만한 점이 있는 사람에게서 배우는 것에 제한을 둘 필요는 없다. 그리고 가까운 데 좋은 교사를 두고 멀리서 찾아 헤매는 우를 범해서는 안 된다. 개인이 벤치마킹해야 할 대상은 가까운 곳에 있어야 한다.

이것은 2가지 의미가 있다. 먼저 물리적으로 가까워서 자주 보고 접할 수 있어야 한다는 의미다. 다음으로 자신이 좋은 점을 배우고 따라갈 수 있을 정도여야 한다는 의미다. 자신이 흉내 내기도 어려울 정도로 탁월한 사람을 존경할 수는 있지만, 실제로 따라 하면서 배우기는 어려운 법이다.

38
일하는 사람과 말하는 사람을 구별하라

//

말하는 사람들이 큰소리치는 것에 현혹되지 말라.
일하는 사람을 알아보고 그를 역할모델로 삼아라.

회사는 일하는 곳이다. 일하는 곳에는 일하는 사람이 많아야 하는데 현실은 그렇지 못한 경우가 많다. 말하는 사람이 많고, 심하면 말하는 사람이 큰소리치는 경우도 있다. 정치적 집단이나 시민단체는 말하는 사람들이 모인 곳이니 말하는 사람들이 큰소리치는 것이 당연하지만, 일하는 회사에서도 이런 일은 종종 있다.

말하는 사람들이 큰소리치는 회사가 생기는 이유는 무엇일까? 그것은 조직이 커질수록 일 잘하는 사람보다는 말 잘하는 사람이 눈에 잘 띄기 때문이다. 조직이 커지면 경영자들이 직원들과 직접 접촉하고, 평가하는 것에 한계를 가지게 된다. 따라서 회의시간에 그럴싸한 브리핑이나 깔끔한 기획서, 기발한 아이디어를 내는 사람들이 인재로 대접받는 경우가 생긴다. 즉 조직이 관료화되는 것이다.

잘되는 민간기업은 매출, 수익, 시장점유율과 같은 분명한 성과지표가 있기 때문에 근본적으로 성과가 모든 것을 말해준다. 따라서 일하는 사람이 주축이다.

그러나 공기업이나 민간기업은 분명한 성과보다는 조직 내 정치적 역학관계가 큰 역할을 한다. 이런 곳에서는 말하는 사람이 득세하기 쉽다.

일하는 사람과 말하는 사람은 어떻게 구분하는가? 일하는 사람은 현실 속에서 무엇인가를 만들어내고, 어려움을 극복해나간다. 따라서 본능적으로 현실적 제약을 의식하고, 여러가지를 살핀다. 정연한 논리보다는 불가피한 현실론을 주장

할 수밖에 없다. 그리고 성과로 말한다.

반면에 말하는 사람들은 말만 한다. 정연한 논리와 화려한 꿈으로 무장하고 있지만 현실성이 부족하다. 이들은 자신들의 주장에 문제가 생기면 남의 탓만 한다. 상황이 바뀌었거나, 새로운 문제가 생겼거나, 일하는 사람들이 제대로 못했기 때문이라고 주장하는 것이 이들의 버릇이며, 절대로 책임지지 않는다.

일하는 사람이 대접받는 곳이 좋은 조직이고 좋은 회사다. 조직 내에서 역할모델을 찾는다면 일하는 사람을 찾아라. 그리고 그 사람의 생각하는 법, 일하는 법을 보고 배워라. 말하는 사람에게 배울 거라곤 근거 없는 명분론과 정치적 처신뿐이다.

39
타인의 내공을 인정하라

경험 많은 고수의 내공을 무시해서는 안 된다.
그 이면에 숨어있는 노력을 인정하고 배워라.

"인터뷰를 마칠 즈음 사진촬영을 위해 그가 그림 그리는 것을 보여주었다. 붓 한 번 돌리니 불과 2분 만에 후딱 하나의 그림이 생겼다. 내가 무얼 그린 것이냐고 묻자, 그는 학鶴이라고 했다. 내가 '그림 하나가 금방 나오는군요.'라고 하자 그는 '금방 되는 게 아니라, 50년쯤 걸린 거라고 보면 돼요. 그때부터 자라온 기운으로 그림이 나오는 거예요. 그렇지 않으면 이렇게 할 수 없어요.'라고 대답했다."

조선일보 최보식 기자가 걸레스님 중광을 인터뷰 할 때의 일화다.

한 아리따운 여인이 파리의 어느 카페에 앉아 있던 파블로 피카소에게 다가와 자신을 그려달라고 부탁했다. 물론 값은 치르겠다는 조건이었다. 피카소는 그 자리에서 단 몇 분 만에 여인의 모습을 스케치해 주었다. 그러고는 50만 프랑(8천만 원)을 요구했다.

"아니, 당신은 그림 그리는 데 고작 몇 분밖에 안 쓰셨잖아요." 여인이 항의했다. "천만에요, 40년이 걸렸습니다." 피카소의 대답이었다.

두 이야기에서 공통되는 것은 화가의 내공이다. 불과 몇 분 만에 그리는 그림이지만, 평생의 내공이 없으면 나오지 않는다는 것이다.

다른 일도 마찬가지다. 자기 분야에서 오랫동안 노력해온 사람이 쌓은 내공을 절대로 무시해서는 안 된다. 이 사람들에게는 몇 십 년의 세월 속에 쌓아온 힘이 있는 것이다.

자신이 속한 분야에서 경험 많은 고수가 있다면
그들의 내공을 인정하라.

프로복싱 헤비급 챔피언이었던 마이크 타이슨이 4분 만에 상대를 때려눕히고 대전료를 90억 원 받으면, 1분에 20억 원 이상 받은 것이다. 뭐 그리 많은 돈을 받냐고 반문한다면, 이는 타이슨의 눈물 젖은 노력과 샌드백 치는 시간은 계산을 하지 않은 것이다.

어떤 분야든지 한 분야에서 일가를 이룬 사람은 그냥 된 것이 아니다. 기본적 자질과 진지한 태도, 노력과 끈기가 뒷받침된 것이다.

자신이 속한 분야에서 경험 많은 고수가 있다면 그들의 내공을 인정하라. 이들을 인정하지 않고서는 타인에게서 배우기 어렵다.

40
불만은 전염되기 쉬운 병이다

습관적 불평은 자신의 가치만 떨어뜨린다.
주관 없이 주변의 불평에 휘둘리지 말라.

최초의 인류가 나타난 500만 년 전부터 사람은 동굴생활을 했고, 동굴을 나온 것은 1만 년 전이다. 따라서 기술과 문명이 아무리 발달했다고 해도, 인간의 본성은 동굴에서 살 때와 동일하다.

동굴에서 사는 원시인에게 나쁜 소식 한 가지는 좋은 소식 백 가지보다 중요하다. 왜냐하면 생명을 위협하는 나쁜 소식 하나가, 있으면 좋고 없어도 그만인 좋은 소식 백 가지보다 훨씬 중요하기 때문이다.

직장생활에서도 마찬가지다. 나의 생존을 위협하는 나쁜 소식 하나를 정확하게 듣는 것이, 좋은 소식 수십 가지를 듣는 것보다 중요하다. 따라서 직장인들은 본능적으로 나쁜 소식에 민감하다. 특히 주변의 불평불만은 무의식중에라도 흘려듣는 법이 없다.

불평불만에 동조하지 않더라도, 그 중에 자기와 관련된 불평불만이 있는지를 본능적으로 알려고 한다. 더욱이 불만은 전염되기 쉽다. 별로 불만이 없이 지내던 사람도 주변에서 말하는 불만을 자꾸 듣다 보면, 자기도 모르게 없던 불만도 생기는 법이다.

세상에 완전한 사람은 없다. 마찬가지로 완전한 회사나 조직도 없다. 따라서 조직 내에서 불만이 생겨나는 것은 자연스런 것이다. 오히려 건전한 불만, 즉 합리적 근거가 있고 적절하게 해결할 수 있는 불만은 조직을 발전시키는 자극제가 되기도 한다.

반면 근거 없는 감정적인 불만은 조직에게나 개인에게나

백해무익하다. 문제는 감정적인 불만이 더 강력한 호소력을 가지고 전염되기 쉽다는 것이다. 복잡한 직장 내 정치에서는 없는 불만도 만들어서 활용하는 사람들도 있는 법이다.

직장생활을 제대로 하려면 대안도 없이 쓸데없는 불평불만을 늘어놓지 말라. 동시에 불평불만은 전염되기 쉽다는 것도 분명히 알아라. 주관 없이 주변의 불평에 휘둘리지 말라.

만약 불만을 느낀다면, 원인을 곰곰이 생각해보고 개인이나 조직차원에서 해결책을 모색하라. 합리적 불만임에도 불구하고 도저히 답이 나오지 않는다면, 조용히 있으면서 대안을 찾아 직장을 그만두면 된다.

개인적인 경험에 비추어 보면, 불평불만을 늘어놓는 사람은 오히려 직장을 그만두는 법이 없다. 끊임없이 불평불만을 전파하면서 자신은 그럭저럭 직장생활을 하는 경우가 많다. 불평불만도 기질적으로 하는 사람이 따로 있다는 생각을 하게 한다.

마피아의 중간보스였다가 은퇴 후 『마피아 경영학』이라는 책을 펴낸 V는 다음과 같이 말했다.

"투덜거리기 좋아하는 자, 비난을 즐기는 자, 즉 같이 어울리기 힘든 자, 당신이 원하지 않는 방향으로 골내는 자는 밑에 두지 말고 당장 쪽박을 채워 내보내라. 이는 경영자의 특권이다."

41

자신에게 이익이 될 때 사람들은 적극적이 된다

이해관계가 불분명할 때 사람들은 반대와 논쟁만 한다.
당신이 추진하려는 것이 사람들에게 이익이 되게 하라.

"어떤 사업에 참가하는 모든 사람이 내용은 제각기 다르다 해도 그것이 자기한테 이익이 된다고 납득하지 않으면 어떤 사업도 성공할 수 없고, 그 성공을 계속시킬 수도 없다."

르네상스 시대의 정치 사상가인 마키아벨리의 말이다.

책 읽고 공부만 하는 백면서생과 구체적 현실 속에서 살아가는 사람들이 이해하는 세계는 서로 같을 수 없다. 달리 표현하면 '감 놔라, 배 놔라.' 하고 떠들면서 먹고 사는 부류들과

'감 만들고, 배 만드는' 부류들이 사는 세계는 다르다.

회사생활을 하거나 사업을 한다는 것은 냉혹한 현실을 살아가는 것이다. 허울 좋은 꿈이 아닌 냉혹한 현실을 이해해야 한다. 냉혹한 현실의 핵심은 사람들은 전부(대부분이 아니라) 이기적이라는 사실이다. 여기에서 '이기적'이라는 말의 개념은, 사람들은 자신의 생존 가능성이 커지는 것을 '이익'으로 보고, 작아지는 것을 '손해'로 본다는 뜻이다.

물론 종교적 이유나 개인적 선택으로 타인을 위해서 평생을 바치는 분들도 있다. 그러나 이런 분들의 예외적 행동을 사람들의 보편적 행동기준으로 착각한다면, 이는 현실이 아닌 가상현실Virtual Reality에서 사는 것이다. 한마디로 지구를 떠나서 살고 있는 것이다.

생존 가능성의 핵심은 '식량과 안전'이다. 식량이 늘어나거나, 더 안전해지면 생존 가능성은 늘어난다. 그리고 돈이 많아지면 식량과 안전 수준이 높아진다. 따라서 사람들이 돈을 벌려 하는 것은 당연한 것이다. 물론 '어떻게 버느냐' 하는 것은 다른 문제다.

사회에서는 교육개혁, 국민복지, 언론자유 등 이런저런 명분을 내걸고 거창하게 떠드는 집단들이 많다. 그러나 이들조차도 실제로는 자신들에게 이익이 되도록, 즉 식량과 안전을 더 보장해 달라는 것에 다름 아니다. 내가 학교를 졸업하고 사회생활을 하면서 확실하게 깨달은 것이 바로 이것이다.

자기 사업이나 직장생활을 할 때 항상 이해당사자들 간의 갈등이라는 난제에 부딪힌다. 자원은 유한하고, 사람들의 욕망은 무한하다. 사람들은 이기적이기 때문에 갈등은 당연한 것이다.

문제는 갈등을 풀어나가기 위한 방법이다. 막연하게 대화와 타협으로 풀려고 한다면 이는 가장 비생산적인 방법으로 해결하는 것이다. 서로 한 걸음씩 양보하는 타협은, 결국 모든 사람이 어느 정도 불만을 품는 결과로 끝나기 쉽다.

1천 년간 지속했던 고대 로마는 확장기 500년이 끝나고 안

사람들은 자신에게 이익이 된다고 생각할 때
가장 적극적이 된다.

정기로 접어들면서 카이사르와 아우구스투스라고 하는 2명의 위대한 지도자를 만난다. 이들은 로마제국의 시스템을 재정립하면서 다양한 이해집단들의 반대에 부딪혔다. 그러나 이들은 그러한 어려움에 굴복하지 않고 갈등을 잘 해결해 나갔다.

이들의 위대함은 무슨 일을 하더라도, 한 가지 목적만으로 하지 않았다는 것이다. 이들은 많은 사람들에게 이익이 되는 정책을 찾아내고 시행했다. 그렇다고 모든 당사자들 간에 타협을 유도한 것은 아니었다. 아우구스투스는 타협을 하기보다는 차라리 상대방을 속였다. 정책이 반대자에게 큰 이익이 가는 것처럼 보이게 했던 것이다.

사람들 간의 이해관계를 파악할 때 명심해야 할 것은, 사람들은 자신에게 이익이 된다고 생각할 때 가장 적극적이 된다는 점이다. 당신이 추진하려는 것이, 사람들에게 이익이 되게 하거나 최소한 이익이 된다고 느끼게 하라.

그것이 실제로 이익이 되는지는 별개의 문제다. 사람들은 자신에게 손해가 된다고 판단되면 당연히 반대한다. 반대할 명분이 뚜렷하지 않으면, 복잡한 논쟁을 유발함으로써 간접적인 반대를 한다.

42
상사의 입장에서 사물을 보라

//

욕먹던 상사만큼 존경받는 것도 쉬운 일은 아니다.
상사의 입장을 이해하는 것이 시야를 넓혀준다.

사회 초년병 때의 일이다. 근무하던 부서에 부서장과 차장 한 분이 계셨다. 모든 조직에서 부서장과 차석은 소위 한끝 차이지만, 권한과 책임은 엄청나게 다르다. 저녁에 맥주 한 잔 하면서 차장님과 이야기를 나눌 기회가 있었다. 차장 자리가 어떤지 물어봤는데 아직도 그분의 말씀이 기억에 남는다.

"차장이란 자리는 한 번 거쳐야 한다. 부서장이 책임이 크고 스트레스를 받는 자리인데, 차석자의 입장에서 부서장을 지켜보고, 부서장의 시각에서 사물을 보는 훈련을 하는 시기인 듯하다. 상사의 입장에서 사물을 본다는 것의 중요성을 예전에는 몰랐다."

회사에서 일을 하다 보면 역할에 따라 생각이 다르다는 점을 자주 느끼게 된다. 각자 자기의 입장에서 생각하기 때문이다. 직급에 따른 생각의 차이가 때로는 심각한 갈등을 빚기도 한다. 대개 윗사람들은 아랫사람들이 말을 안 듣는다고 불만이고, 아랫사람들은 윗사람들이 잘 알지도 못하면서 윽박만 지른다고 불만을 터뜨리는 경우가 많다.

입장에 따른 생각 차이를 완전히 해소하기는 어렵다. 어차피 사람은 자기 입장에서 사물을 보는 한계를 가지고 있기 때문이다. 그러나 상사를 이해하고 상사의 입장에서 사물을 볼 줄 알아야 한다. 소위 역지사지易之思之라고 입장을 바꾸어 보면 안 보이던 것들이 보이기 마련이다. 상사도 자기 입장을 이해해주는 사람에게 신뢰가 가기 마련이다.

직장생활 초기인 20대나 30대 초반까지는 동료들과의 수

평적 관계설정이 주요 관심사지만 30대 중반을 넘어서면 자신이 어느덧 상사 입장이 된다. 자신도 모르게 직원들의 술자리 안주가 되어 있다.

이즈음에 사람들은 자신의 리더십에 대해 생각하기 시작한다. 그러나 리더십은 하루아침에 생겨나지 않는다. 상사의 리더십을 욕하기는 쉬워도, 욕먹던 상사만큼 존경받는 것도 쉬운 일은 아니다. 그래서 평소에 상사의 입장에서 생각해보고, 상사의 리더십을 관찰해서 타산지석으로 삼을 필요가 있는 것이다.

43
리더십은 힘에서 나오는 것이 아니다

자리가 주는 권한에 따라 리더십이 생기던 시절은 지났다.
합리적 리더십은 힘, 신뢰, 지식이라는 세 기둥 위에 있다.

1990년대 기업 경영자의 주요 관심사가 전략이었다면, 2000년대는 리더십이었다. 많은 경영자들이 리더십에 대해 고민을 하고 돈을 들여 컨설팅까지 받는다. 21세기에 리더십이 이토록 주목받는 이유는 무엇일까?

과거에는 직책과 자리가 리더십을 확보해주었다. 사장이 되고 임원이 되면 자리가 주는 권한에 따라 리더십은 자연히 생겨났다. 소위 '까라면 까는' 분위기에서 상사의 말은 거역하기 어려운 법률과 다름이 없었다.

물론 마음속으로 따르는 리더와 따르지 않는 리더의 차이는 있지만, 형식적 리더십이 실질적 리더십을 확보해주었다. 그러나 1997년 이후, 국내기업의 조직형태가 분권화되고, 수평화되면서 자리가 권위를 만드는 시대는 지나갔다.

분권화, 수평화된다는 것은 자리보다 업무나 능력 중심으로 조직이 구성된다는 것이다. 권위에 따른 실력을 가지고, 의사소통 능력이 있는 사람을 중심으로 조직이 구성되고 리더십이 형성된다는 것이다.

권한이 있는 자리에 있더라도 의사소통 능력이 부족하고, 고집불통에 막무가내인 사람은 형식적 리더십은 있으되 실질적 리더십을 가질 수 없다. 실질적 리더십을 확보하지 못한 사람은 형식적 리더십에 의존할 수밖에 없고, 이는 필연적으로 독재적 리더십으로 발전한다.

그렇다면 훌륭한 리더는 선천적으로 태어나는 것일까, 후천적으로 훈련 가능한 것일까? 내가 보기에 큰 리더는 태어

시대를 앞서가는 위대한 지도자는 타고난다.
그러나 작은 조직을 이끄는 지도자는 훈련과 노력의 산물이다.

나는 것이고, 작은 리더는 훈련이 가능하다. 대부분의 사람은 작은 조직의 리더는 될 수 있는 자질은 있다고 생각한다.

리더십의 원천은 자리나 힘이 아니다. 리더십을 구성하는 삼각형은 '힘power · 신뢰credit · 지식knowledge'이다. 이 3가지가 서로 균형을 이룰 때 합리성에 근거한 리더십이 발휘될 수 있다.

힘이 없을 때 리더십은 존재조차 할 수 없다. 힘이 없이 신뢰와 지식만 있는 사람은 훌륭한 참모나 학자가 적격이다.

힘과 지식은 있으되 신뢰가 없다면, 막무가내식 독재자가 된다. 믿지 않는 사람을 따르게 하는 것은 폭력이나 강제밖에 없기 때문이다.

힘과 신뢰는 있는데 지식이 떨어진다면 무식한 지도자가 된다. 무식한 지도자는 정확한 판단을 할 수 없어 주변 참모에 휘둘리게 마련이다. 세부적이고 전문적인 지식은 참모에게 맡기더라도, 사안에 대한 기본적인 이해를 하지 못하는 리더는 있을 수 없다.

시대를 앞서가는 위대한 지도자는 타고난다. 그러나 작은 조직을 이끄는 지도자는 훈련과 노력의 산물이다.

사회 초년병들에게는 전문성, 기술, 지식이 주요 관심사일 것이다. 그러나 시간이 흐르고, 책임이 많아질수록 리더십은 중요한 문제가 된다. 10년, 20년 후에 합리적 리더십을 가진 지도자가 되려는 사람은, 지금부터 리더십을 구성하는 3가지 요소를 이해하고 만들어가야 한다.

4장

좋은 행동보다

좋은 습관이 강력하다

44
좋은 행동은 의식적으로 습관으로 만들어라

//

행동은 의식적으로 하는 것이라 꾸준하지 못하다.
좋은 것은 습관으로 만들어 무의식적으로 행해야 한다.

오래 사는 사람의 특징 중 하나가 좋은 생활습관을 가지고 있는 것이라고 한다. 일찍 자고, 일찍 일어나고, 조금 먹고, 많이 움직이는 것이 대표적인 좋은 습관이다. 마찬가지로 성공하는 사람들의 특징은 좋은 습관을 많이 가지고 있다는 것이다. 그들은 매사를 긍정적으로 생각하며, 게으름 피우지 않고, 사람을 진실하게 대하며, 새로운 지식에 대해 개방적이다.

『톰 소여의 모험』, 『허클베리 핀』 등의 모험소설로 유명한 미국 작가 마크 트웨인은 1895년 증기선을 타고 세계일주를 한다. 요통이 심했던 그는 의사로부터 "내가 할 수 있는 것은 다 했다."는 통보와 함께 담배, 커피, 불규칙한 식사를 중단하라는 진단을 받는다. 과연 이틀 만에 요통이 사라지면서 마크 트웨인은 이렇게 썼다. "좋은 습관이란 젊을 때부터 몸에 배게 해야, 나이 들고 병에 걸렸을 때 써 먹을 수 있다."

습관은 무의식적으로 하는 것이다. 반복되면서 특별한 의지를 요구하지 않는다. 따라서 일단 습관이 되면 꾸준히 그러나 분명하게 사람을 바꾸는 힘이 나온다. 반면 행동은 의식적으로 하는 것이다. 행동을 할 때마다 의지가 필요하고 의식적으로 반복해야 한다. 행동을 꾸준히 하는 것은 상당히 어려운 일이다.

간단히 말해서 좋은 행동보다 좋은 습관이 강력하다. 따라서 좋은 것은 습관으로 만들어야 한다.

시간을 잘 지키는 것, 일찍 일어나는 것, 책을 읽는 것, 좋은 신문을 보는 것, 과음하지 않는 것 등 자신이 하는 행동 중에 좋은 것은 의식적으로 습관으로 만들어라. 습관은 무의식적으로 좋은 것을 반복하게 하는 힘이 있다. 그리고 한 번 습관이 되면 의식적으로 바꾸지 않는 한 오래가는 법이다.

반면에 나쁜 습관은 빨리 고치는 것이 좋다. 나쁜 습관은 무의식중에 자신을 좀먹기 때문이다. "좋은 습관은 최고의 시녀지만, 나쁜 습관은 최악의 주인입니다."라는 말의 의미를 곰곰이 생각해보라.

45
시간을 지키는 습관을 제일 먼저 만들어라

시간약속을 지키는 것이야말로 신뢰의 주춧돌이다.
신뢰를 얻지 못하는 사람이 성공하기란 불가능하다.

서울에서 회사를 운영하는 김덕현 사장은 세계 최고급 승용차로 국내외 VIP들을 모시는 사업을 한다. 그는 약속시간의 중요성을 금과옥조로 여기고 있다.

"성공한 CEO는 시간에 정확하다. 기업 CEO들은 약속시간에 '칼'이다. 한 다국적 기업의 회장은 초청받은 만찬장에 일찍 도착할 것 같자, 주위를 빙글빙글 돌면서 약속된 시간에 정확하게 도착하기도 했다. 그 후에 만났던 다국적 기업의 CEO들 또한 차 안에서 신문을 보더라도 약속시간을 정확하게 지켰다."

인간관계의 기본은 신뢰인데, 신뢰는 작은 것들이 쌓여서 만들어진다. 특히 시간약속을 지키는 것은 신뢰를 쌓는 대표적인 작은 약속이다. 시간약속을 못 지키는 사람은 다른 약속도 못 지킬 것이라고 생각하는 것은 당연하다. 나 자신부터 시간약속을 잘 지키지 않는 사람은 신뢰하지 않는다.

원하든 원치 않든 현대인은 항상 시간에 쫓길 수밖에 없다. 변화가 빨라지는 세상에서 시간은 가장 소중한 자원이다. 시간을 못 지키는 사람은 다른 사람의 시간도 뺏어가는 것이다. 10명이 모이는 어떤 회의에 한 사람이 10분 늦게 도착해 회의가 늦게 시작되었다면, 이 사람은 다른 9명의 시간을 각각 10분씩 총 90분을 뺏어간 것이다.

『빠빠라기』란 책이 있다. 남태평양 사모아의 작은 섬에 살던 투이아비란 사람이 문화 시찰단으로 유럽을 방문하고 느낀 연설문 형식의 기록으로 1920년에 출간되었는데, 후일 독

일인 에리히 쇼이어만이 사모아를 방문하고 투이아비라는 가공의 인물을 등장시켜 쓴 일종의 소설로 밝혀져 화제가 되기도 했다. 비록 위작이지만 문명세계에 대한 유머러스하면서 통렬한 지적이 인기를 끌었고 의미도 있었다. 빠빠라기란 백인을 일컫는 단어인데, '빠빠라기는 시간이 없다.'라는 대목에서 투이아비는 이렇게 말한다.

"우리들은 저 불쌍한 빠빠라기를 구출해주어야 한다. 시간을 되찾아주어야 한다. 그러자면 우리들은 빠빠라기의 작고 둥근 시간기계를 때려 부수고, 그들에게 가르쳐주어야 한다. 해돋이에서부터 해넘이까지, 한 사람의 인간으로서는 다 쓰지 못할 만큼 많은 시간이 있다는 사실을."

투이아비의 눈에 문명인은 넘치도록 많은 시간에 쫓기듯이 사는 것을 이해하기 어려웠던 모양이다. 그러나 어제도 오늘 같고, 오늘도 내일 같았던 20세기 초반의 사모아 사회에서는 시간이 넘치도록 충분한 자원이었을지 모르나, 21세기 현대 사회에서는 그렇지 않다.

시간에 쫓기는 삶이 싫은가? 그렇다면 『빠빠라기』에서 투이아비가 말하는 여유 있는 삶을 선택하면 된다. 이는 개인의 선택이다(다만 조직에는 몸담지 마라). 그러나 사회에서 직장을 다니거나 사업을 한다면 시간의 중요성, 특히 시간약속의 중요성은 분명히 알아야 한다.

시간약속을 지키는 습관을 만들기 전에는 어떠한 습관도 만들지 말라. 시간약속을 지키지 않는 사람에게 신뢰를 줄 사람은 없다. 신뢰를 얻지 못하는 사람이 성공할 수는 없다.

46
하루를 짧게 살아야 일 년이 길어진다

하루는 길다. 그러나 일 년은 짧다.
하루를 의미 있게 보내는 시간관리가 필요하다.

고등학교 2학년 겨울방학 때였다. 예나 지금이나 대학입시는 누구에게나 힘든 것이었다. 특히 선배인 3학년이 입시를 치르고 난 후, '이제는 내 차례구나.' 하는 생각이 드는 2학년의 마음은 불안하고 초조할 수밖에 없었다.

학교에서는 졸업을 앞둔 선배들 몇 명을 불러서 막 3학년이 되려는 우리들에게 입시 경험담을 들려주는 자리를 마련했다. 몇 명이 자신의 경험담(물론 성공담이지만)을 이야기하는 것을 들으면서 부럽기도 하고 불안하기도 했다. 이 때 한

선배가 "하루는 길다. 그러나 일 년은 짧다."라고 말했을 때, '아, 정말 그렇구나!'라고 100% 공감했던 기억이 아직도 생생하다.

정말 하루는 길지만, 일 년은 짧다. 아침에 일어나 학교를 가거나, 출근을 하려고 하면 '오늘은 어떻게 하루를 보내나?' 하는 생각에 끔찍한 기분이 한 번씩 들지 않았다면 거짓말이다. 가장 힘든 월요일만 지나면 벌써 주말을 기다린다. 그러다 일요일 저녁이 되면 회사생각에 가슴이 답답해지는 경험은 누구에게나 있다.

이처럼 하루를 지내는 것은 재미없고 지겨우며 길다. 그러나 지나간 일 년은 돌이켜보면 항상 금방이다. 연말마다 지난 일 년간을 돌이켜보면서 허탈한 심정에 빠지는 경험은 누구에게나 반복되는 것이기도 하다. 따라서 연말의 허탈감을 반복하지 않기 위해서는 하루하루를 잘 지내는 것이 중요하다. 하루가 모여서 일 년이 되기 때문이다.

지겨운 하루가 무의미한 하루가 되게 하지 않으려면,
나름대로 시간계획을 세우고 이를 실천해야 한다.

마라톤을 하듯 꾸준히 나아가는 하루하루는 일 년 후의 성취감을 만드는 주춧돌이다. 하루를 짧게 살아야, 일 년이 길어진다. 그러기 위해서는 하루하루의 시간을 보내기 위한 목표의식과 계획이 필요하다. 너무 흔히 해서 진부한 말이지만 이 이상의 방법은 없다.

시간 관리를 위한 좋은 책은 많이 있다. 여기서는 하루 시간을 잘 보내기 위해 내가 사용하는 방법을 소개하겠다.

- 전날 저녁이나 아침에 하루 할 일의 리스트를 만든다To Do List. 그냥 백지에 손으로 쓰면 충분하다.
- 할 일은 회사업무, 개인적인 것으로 구분한다.
- 친구에게 전화하거나 답장메일 쓰는 것처럼 사소한 일도 꼭 표시한다.
- 하루 만에 처리해야 하거나 중요한 일은 별도로 표시한다.
- 책상 앞에 두고, 처리할 때마다 지워나간다.
- 저녁에 처리한 일을 확인한다.
- 주간 단위계획은 월요일에 적어서 책상 위에 붙여 놓고 똑같

은 방법으로 사용한다.

요즘 많이 나온 시스템 다이어리, 플래너를 잘 활용하면 큰 도움이 된다. 특히 좋은 플래너는 단순한 일정관리를 넘어서, 개인의 비전에 따른 목표를 세우고 이를 이루기 위한 월별 · 주간 · 일일 계획에까지 반영할 수 있도록 일관성 있는 체계를 가지고 있다.

지겨운 하루가 무의미한 하루가 되게 하지 않으려면, 나름대로 시간계획을 세우고 이를 실천해야 한다. 한 달, 두 달 한다고 변화가 당장 보이지는 않을 것이다. 그러나 일 년, 이 년이 지나면 분명히 차이가 난다.

하루의 시간계획을 세우기 시작하면, 시간의 소중함을 매일 느끼게 된다. 하루의 업무를 잘 처리하면서 남는 시간은 다른 곳에 사용할 수도 있다. 분명한 것은 바쁘게 허둥댄다고 많은 일을 하는 것은 아니라는 점이다.

47
점심시간은 밥 먹는 시간이 아니다

점심은 되도록 고객이나 외부사람과 하라.
단순히 밥 먹는 시간으로 흘려보내지 말라.

몇 년 전이다. 가까운 친구가 몇 달 다니던 A증권사를 그만두면서, A증권사는 틀림없이 망할 것이라고 단언했던 적이 있다. 이유는 단순했다. 임원들이 점심시간에 고객을 만나지 않고 매일 임원식당에서 같이 점심을 먹는다는 것이다.

임원들이 점심 때 고객을 만나지 않고, 자기들끼리 우아하게 밥을 같이 먹고 담소하는 조직은 경쟁이 치열한 증권업계에서 죽어나갈 수밖에 없다는 것이, 증권업계의 경험이 풍부한 그 친구의 확신이었다. 실제로 얼마 안 있어 A증권사는 다른 기업에 인수되었다.

어떤 분야든 영업을 하는 사람들에게 점심시간은 고객을 만나고, 새로운 고객을 만드는 중요한 시간이다. 마찬가지로 직장인에게 점심시간은 단순히 밥 먹는 시간이 되어서는 안 된다. 사람을 만나고 새로운 이야기도 듣는 시간이 되어야 한다. 꼭 회사의 고객이 아니라도 좋다. 다른 부서의 동료도 될 수 있고, 근처에 있는 친구나 선배도 좋다.

중요한 것은 같이 일하는 동료들과 점심까지 매일 함께할 필요는 없다는 것이다. 매일 만나서 일하는 사람들과의 점심 식사에서 새로운 이야기가 나오기는 어렵다. 차라리 다른 회사에 있는 친구를 만나서 점심을 먹는 것이 평소에 알지 못하던 것을 듣게 되고, 다른 회사나 업종의 동향을 이해하는 데 도움이 된다.

물론 사람에 따라 다음과 같이 말할 수도 있다.

"업무상 외부사람을 만나야 하는 외근직은 고객과의 점심

식사가 당연하다. 그러나 내근직인 나는 점심이라도 편하게 먹고 싶다. 점심시간까지 간섭받고 싶지 않다."

나름대로 일리가 있는 말이다. 그러나 평생 내근직만 한다는 보장이 있는가? 고객과의 점심이 불편하다면, 다른 회사에 있는 친구와 점심 먹는 것도 불편한가? 점심시간의 고독이 무엇보다 중요하다면 그렇게 하라. 그러나 그런 식의 닫힌 자세라면 사회에서의 성공은 꿈꾸지 않는 것이 좋다.

저녁에 이런저런 모임이나 술자리에 참석하는 것보다 점심시간을 잘 활용하면 비용도 절약되고, 무엇보다 피곤하지 않아서 좋다. 점심시간은 쉬는 시간이 아니다. 편하게 밥 먹으면서도 가치 있게 활용할 수 있는 시간으로 인식하라.

48

전철출근도 전략이다

//

출퇴근 시간을 자기의 미래를 위한 시간으로 바꿔라.
특히 출퇴근을 전철로 한다면 더욱 효과적이다.

"하루 2시간은 자신만을 위해 써라." 변화관리전문가인 고故 구본형 소장은 하루 2시간을 자신의 미래를 위한 시간으로 투자하라고 조언한다. 하루 2시간을 자신의 미래를 위한 시간으로 투자하라는 뜻이다. 누구에게도 방해받지 않고, 자신을 위해 책을 보거나, 글을 쓰거나, 생각을 하는 2시간이 인생을 바꾼다는 것이다. 아침 4시에 일어나 출근준비 전까지의 2시간을 활용하는 그의 경험담은 정말 공감이 간다.

그러나 매일 2시간을 자기시간으로 확보하는 것은 쉽지 않다. 사회생활을 하는 사람이 하루 24시간 중 자기를 위해 온전히 쓸 수 있는 시간은 사실 거의 없다. 퇴근 후에도 이런저런 약속이 있고, 모처럼 일찍 귀가한 날에는 가족과 시간을 가져야 한다.

하루에 한두 시간이라도 자신만을 위한 시간을 확보하지 못하고, 매일의 일상적인 일에 허덕일 때 미래는 없다는 말은 맞다. 그러나 매일 새벽에 일어나지 않고서는 2시간을 확보하는 것은 쉬운 일이 아니다.

만약 당신이 아침에 일찍 일어나 2시간을 자기에게 투자할 의지와 근성이 있다면 그렇게 하기를 권한다. 그러나 하루 이틀도 아니고 수십 년을 아침 일찍 일어날 자신이 없다면 출퇴근 시간을 자기를 위한 시간으로 만들어라. 하루 한두 시간의 출퇴근 시간을 길에 버리지 않고, 자신을 위한 투자로 만들 수 있다.

특히 출퇴근을 전철로 한다면 더욱 효과적이다. 복잡하지 않은 전철은 책을 보거나, 신문을 읽기에 아주 좋은 공간이

복잡하지 않은 전철은 책을 보거나
신문을 읽기에 아주 좋은 공간이다.

다. 출퇴근 러시아워의 전철이 너무 복잡하다면, 조금 일찍 출근하면 된다.

나는 신입사원 시절부터 지금까지 전철로 출퇴근하고 있다. 그리고 내 독서량의 80% 이상은 전철에서 소화한다. 업무 외에 책이나 잡지를 읽는 사실상 유일한 시간인 셈이다. 그리고 하루의 업무를 출근전철에서 미리 생각하는 경우도 많다. 내게는 전철로 출퇴근하는 시간이 방해 받지 않고 나만을 위해서 사용하는 가장 소중한 시간인 셈이다.

사람에 따라서는 자가용 출퇴근을 선호하기도 한다. 운전하면서 혼자 생각도 하고, 음악도 듣고, 라디오도 들으면서 자기만의 시간을 가진다. 그러나 운전하면서 차 안에서 할 수 있는 일에는 한계가 있다. 아무래도 집중도가 떨어지기 때문이다.

전철 출퇴근 시간을 활용하기 위한 몇 가지 방안이다.

• 가능하면 조금 일찍 출근해서 러시아워를 피하라.

- 출근할 때는 조간신문, 퇴근할 때는 책을 읽는 식으로 규칙화하라.
- 전철에서 읽을 책은 너무 무겁지 않은 책으로 선정하라.
- 일과 중에라도 전철을 이용할 일이 있으면 읽을거리를 미리 준비하라.
- 최소한 2주에 한 권 정도를 읽는 것으로 목표를 세워라
- 스포츠신문류의 읽을거리는 가급적 멀리하라. 도움이 되지 않는다.

하루 중에 자기를 위한 2시간을 만들기 어렵다면, 오늘부터 출퇴근 시간을 생산적인 시간으로 만들어라. 특히 전철로 출퇴근하고 있다면, 전철출근을 일종의 개인전략으로 접근하기 바란다. 매일의 출퇴근 시간을 부족한 잠이나 보충하거나, 가벼운 스포츠신문을 읽으면서 시간을 허비하고 있다면 당장 습관을 바꿔 보라.

49
좋은 신문은 값싸고 실력 있는 과외선생이다

좋은 신문을 잘 읽는 것만큼 값싸고 효과적인 공부는 없다.
신문읽기는 여가활용이 아닌 매일매일의 필수일정이다.

세지마 류조라고 하는 일본인이 있다. 일본육사를 수석으로 졸업한 그는, 태평양전쟁 당시 일본군 총사령부인 대본영과 관동군 사령부에 근무하다 소련군의 포로가 되어 11년간 포로생활을 했다. 1956년 석방되어 귀국한 그는 1958년에 당시 군소 섬유업체인 이토추에 입사해 회사를 세계적인 무역회사로 키워내는 주역이 되었고, 1978년에는 회장이 되었다.

그는 귀국 후 사회에 다시 진출하기 전에 포로생활 11년간의 공백을 메울 방법을 생각하던 끝에, 지나간 신문을 보기로

했다고 한다. 그리고 2년간 도서관에 나가 11년간의 신문을 광고까지 구석구석 보면서 현실감각을 살리고, 사회흐름을 따라잡았다고 한다. 사람을 만나고, 책을 읽는 것보다 신문을 보는 것이 가장 효과적이었다는 것이다.

종종 후배들이 나에게 "세상의 변화를 따라가는 상식과 자신의 관점을 얻기 위해서 무엇을 해야 하느냐?"라는 질문을 한다. 그러면 나는 항상 좋은 신문을 매일 꼼꼼히 보라고 말한다. 좋은 신문은 실력이 뛰어나면서 수업료는 싼, 아주 훌륭한 일일 과외선생이다.

내가 직장생활 초년병 때의 일이다. 증권회사에서 직장생활을 시작하면서 경제동향, 자금사정에 대한 이해가 필요했다. 그래서 나는 경제원론, 국제금융, 화폐금융 등의 책을 찾아 읽어보려고 했다. 그때 직장선배가 "쓸데없는 짓 하지 말고 날마다 경제신문을 읽는 것이 정답이다."라고 일갈했다. 선배의 말인즉, 경제신문 1년 동안 꼼꼼히 읽는 것이 경제서적 수십 권을 읽는 것보다 낫다는 것이다. 학위논문 쓸 목적이 아닌 바에야, 신문 잘 읽는 것만큼 효과적인 공부는 없다는 말이다.

나는 이때부터 경제신문을 본격적으로 읽기 시작했다. 처음에 재미없고 딱딱하던 경제신문도 용어에 익숙해지고, 내가 하는 일과 연관되니 흥미도 커졌다. 신문읽기는 여가활용이 아니라 매일 소화해야 하는 일정이라고 생각해야 한다. 신문을 잘 읽기 위한 원칙은 다음과 같다.

- 종합일간지 1종, 경제일간지 1종은 기본이다. 어차피 하루에 2종류 이상의 신문을 자세히 볼 시간을 내기는 어렵다.
- 일간지, 경제지는 가급적 많은 사람이 보는 것으로 골라라. 신문읽기의 목적이 사회의 흐름을 따라가기 위한 것임을 잊어서는 안 된다.
- 개인 취향이 특별히 있다면 1종류를 추가해서 3종류를 보라. 기본인 2종류를 대체하지 말라.
- 좋은 신문은 칼럼, 사설, 해설기사가 뛰어나다. 뉴스만 보지 말고 이런 것들을 꼼꼼히 읽어야 정보 해석능력이 길러진다.

- 인쇄된 신문으로 읽는 것이 좋다. 뉴스의 가치를 평가하는 편집자의 시각을 이해할 수 있다.
- 신문은 매일 읽어야 한다. 습관으로 만들어라.
- 입맛에 맞는 기사만 보지 말고 경제, 과학, 문예 등 기사전체를 소화하려고 노력하라. 사회, 연예면만 본다면 차라리 스포츠신문이 낫다.

신문에 난 기사는 공개된 것이기 때문에 대수롭지 않게 본다. 그러나 신문기사도 읽는 사람에 따라서 정보의 가치가 달라진다. 신문을 전략적으로 읽어라. 일년에 전문서적 수십 권을 읽는 것보다 좋은 신문을 매일 체계적으로 읽는 것이 훨씬 효과적인 투자다.

50
읽어라, 그리고 생각하라

성공한 사람치고 책을 읽지 않는 사람은 없다.
책을 읽지 않고 성공할 수 있는 분야 또한 없다.

여름 휴가철이나 연말연시가 되면 신문지면에 단골로 등장하는 기사가 있다. 'CEO가 여름휴가에 읽는 책' '연말에 읽는 CEO 애독서' 등이다. 이들이 읽는 책이 관심을 끄는 이유는, CEO들이 읽는 책은 곧 그들의 관심사를 나타내기 때문이다. 읽는 책이 곧 생각을 만들기 때문에, 생각을 알기 위해서는 읽는 책을 알아보는 것이 가장 쉬운 길이다. 그렇다면 신문기사에서처럼 과연 CEO들은 책을 가까이 할까?

단언하건대 CEO는 모두 책을 열심히 읽는 사람들이다. 실제로 내가 지금까지 만나온 사람 중에서 어떤 분야든 성공했다는 사람치고 책 읽지 않는 사람들은 없었다. 한마디로 성공한 사람들은 책을 가까이 하는 사람들이다.

이들은 항상 새로운 트렌드를 파악하려 하고, 관심 있는 분야에 대해서는 열심히 책을 읽고 공부하면서 지식을 쌓는다. 그리고 이러한 지식의 바탕 위에서 의사결정을 한다.

책을 읽지 않는다는 것은 세상의 변화에 대한 관심이 부족하거나, 관심이 있더라도 이를 논리적으로 생각해 보려는 태도가 없다는 것이다. 내가 보기에 책을 읽지 않고서도 성공할 수 있는 분야는 없다. 로또복권 당첨 같은 일시적 성공이 아닌 꾸준한 성취를 위해서는 세상의 변화를 따라가고, 변화의 의미를 생각할 줄 알아야 한다.

책을 읽지 않으면서 세상의 변화를 따라잡는다는 것은 불가능하다. 창의적인 아이디어도 막연한 공상에서 나오는 것이 아니라, 책에서 얻은 지식이 치열한 사색과 결합할 때 비로소 나온다.

훌륭한 경영자, 성공한 자영업자, 심지어 재테크로 돈을 번 사람들까지도 한결같이 책을 많이 읽는다. 특히 조직을 이끄는 CEO의 독서범위는 기업경영 분야에 한정되지 않고 인문·과학·역사·정치·철학 분야까지 폭넓다. 이는 미래에 대한 통찰력, 인간본성에 대한 이해가 없이 성공적인 기업경영은 어려운 상황에서, 독서의 범위가 경영 분야에 한정되어서는 시야가 좁아지기 때문이라고 한다.

일본의 경영자들은 오다 노부나가, 도요토미 히데요시, 도쿠가와 이에야스, 중국의 손자 등 역사적 인물과 관련된 서적을 가장 많이 읽는다고 한다. 미래의 CEO를 꿈꾼다면, 경영과 기술 분야는 물론이고 인문 분야의 교양지식을 통해서 인간본성에 대한 본질적 이해를 길러가는 것이 중요하다.

공학박사로서 휴맥스를 창업해 큰 성공을 거둔 변대규 사장은 자신의 책 읽기를 다음과 같이 설명했다.

"처음에는 경영학 서적을 집중적으로 파고들었다. 그런데 회사가 어느 수준까지 커지니까 경영학만 갖고는 안되는 거

창의적인 아이디어는 막연한 공상에서 나오는 것이 아니라,
책에서 얻은 지식이 치열한 사색과 결합할 때 비로소 나온다.

다. 결국 인간의 문제에 부닥친 것이다. 그래서 인문학을 읽기 시작했다. '사람을 어떻게 볼 것인가, 어떻게 동기부여 시킬 것인가'의 문제로 귀착한 셈이다."

자기 사업에서 성공을 꿈꾸든, 조직 내의 CEO로 성공을 꿈꾸든, 어떤 분야에서든 남보다 앞서 나가려면 일단 책을 꾸준히 읽어라. 그리고 생각하라. 물론 책을 읽는 사람이 모두 성공하는 것은 아니다. 그러나 책을 읽지 않고서 성공할 수 있는 사람은 없다.

만약 바빠서 책 읽을 시간이 없다고 느낀다면 당신은 이미 기본적인 정신자세가 잘못되어 있다고 말해 주고 싶다. 시간이 많은 사람은 오히려 책을 보지 않는다. 오히려 바쁜 사람이 틈을 내어 훨씬 많은 책을 읽는다.

시간이 없어 책을 읽지 못한다는 것은 나태함에 대한 자기합리화의 변명에 불과하다. 당장 책 읽는 습관부터 들여라.

51
한 달에 한두 번은 대형서점에 가라

서점 방문은 싸고 즐겁고 생산적인 인포테인먼트다.
서점에 가서 마치 안방인 양 자유롭게 돌아다녀라.

1980년대 초반 고교시절, 서울에 오면 꼭 가보고 싶었던 곳은 광화문의 교보문고와 종로서적이었다. 당시 서점이라고 하면 조그만 동네서점들만 가득했다. 이런 시절에 몇 만 권의 책이 있는 대형서점에서 서점주인의 눈치를 보지 않고 마음껏 책을 뒤적일 수 있다는 것 자체가 지방에서는 커다란 화제였다. 실제로 대형서점에 처음 갔을 때, 우선 서점의 크기에 놀라고, 책을 사지 않고 보기만 해도 됐던 사실에 기뻐했던 고등학생 때의 기억이 아직도 생생하다.

우리나라의 공공도서관도 최근 들어 숫자가 많아지면서 일반인 기준으로는 장서도 풍부하고 이용도 편리하다. 돈을 들이지 않고 마음껏 책을 볼 수 있는 공간으로 공공도서관은 손색이 없다. 하지만 대형서점은 교통이 편리하고, 트렌드를 한눈에 파악할 수 있는 장점이 있다.

한 달에 1~2번은 대형서점에 가라. 서점에 가서 자유롭게 돌아다녀라. 평소 흥미 있는 분야의 새로 나온 책도 살펴보고, 베스트셀러도 보면서 사회의 흐름을 자연스럽게 느껴보자.

돌아다니다가 읽고 싶은 책이 있으면 사도 좋고, 흥미를 끄는 책이 없으면 안 사도 그만이다. 중요한 것은 서점을 돌아다니면서 다른 사람들의 관심 분야를 확인하고, 변화의 흐름을 느끼고 생각해보는 것이다.

물론 인터넷 서점 방문도 좋지만 나는 대형서점을 가끔씩 방문하는 것이 장점이 있다고 생각한다. 인터넷 신문보다 종이 신문에 편집자의 생각과 편집방향이 잘 나타나 있는 것과 마찬가지로 서점에 가면 책이 분류되고 진열되어 있는 방식, 즉 마케팅의 개념이 한눈에 들어온다.

서가별로 사람들이 몰려있는 모습, 사람들이 고르는 책을 보는 것은 인터넷 서점에서는 얻을 수 없는 것이다. 다른 사람들의 관심분야가 서점에서는 그야말로 생생하게 느껴진다.

서점에 가는 것은 아주 즐겁고 생산적인 인포테인먼트이다. 별 생각 없이 한 시간 정도 둘러보는 것으로도 충분하다.

저녁에 약속이 있는 날 조금 일찍 퇴근해 서점에 들르는 것은 그리 어려운 일도 아니다. 주말이라면 가족과 함께 서점에 가서 아이들 책도 같이 보고 읽을 책을 골라주는 것보다 좋은 교육도 없다. 대형서점 방문은 돈 안 들고 즐겁게 할 수 있는 자기계발 방법이다.

52
직업에 맞는 스타일을 갖춰라

내면적 실력에 외모까지 단정하면 금상첨화다.
직업에 맞는 스타일을 갖추는 사람이 진정한 프로다.

여자랑 만날 때 가장 황당한 3가지 경우가 있다고 한다. '손 만지는데 때 밀리는 여자' '키스하는데 입 냄새 나는 여자' '조용히 같이 있을 때 방귀 뀌는 여자'다. 이 농담을 들었을 때는 그냥 웃었지만, 다시 생각해보니 업무상 만난 사람이 입 냄새를 풍기는 바람에 불쾌감을 느낀 적이 많았다.

실제로 10여 년 전에 업무상 만났던 어떤 사람은 입 냄새가 엄청나게 심했다. 그래서 이름과 얼굴은 잘 생각나지 않고, 입 냄새로만 기억된다. 업무상 사람을 만나면서 상대방에게 입 냄새를 풍긴다는 것은 실례가 되는 일이다. 속이 안 좋아 입 냄새가 계속 난다면 거리를 두고 이야기를 하는 배려 정도는 필요하다.

입 냄새를 예로 들었지만, 사회생활을 하면서 상황에 맞게 자신의 외모도 적당히 가다듬을 필요가 있다. "외모가 뭐가 중요하냐? 내면의 실력이 중요한 거지."라고 말한다면 나도 할 말은 없다. 맞는 말이기 때문이다.

그러나 내면적 실력을 가진 사람이 외모까지 단정할 때 상대방은 더 깊은 신뢰를 가지는 것은 분명하다. 따라서 직업에 맞는 스타일을 찾아야 한다. 이는 남녀를 불문하고 필요하다.

내가 직업에 맞는 스타일에 대해 처음 생각해본 것은 신사복을 만드는 회사를 컨설팅할 때였다. 업무상 신사복과 옷감의 유래, 종류, 용도 등에 대해 공부하다 보니, 직업에 따른 단정한 옷차림이 상대방에게 주는 이미지가 신뢰를 쌓는 기반이기도 하다는 것을 알게 되었다.

예를 들어 세일즈맨은 갈색 계통의 옷이 무난하다. 상대방에게 편안함을 주기 때문이다. 금융업 계통은 검정이나 감색 계통이 무난하다. 상대방에게 신뢰성을 주기 때문이다. 큰돈을 맡기러 간 은행에서, 직원이 분홍색 와이셔츠에 금시계, 금팔찌를 하고 있으면 돈 맡길 생각이 나겠는가? 마찬가지로 변호사를 만났는데 자주색 와이셔츠를 입고 있다고 생각해보라. 첫인상부터 신뢰와는 거리가 멀게 된다.

옷 잘 입는 것과 타고난 외모는 무관하다. 세계에서 가장 옷 잘 입는 남자는 이탈리아와 일본 남자라고 한다. 두 나라 모두 체구가 작은 편이고, 특히 일본은 양복을 입은 역사도 짧다. 그러나 체형의 단점을 보완하려다 보니 오히려 옷을 잘 입는다는 평가를 받는다. 내 경험으로도 옷매무새가 좋은 사람 중 키도 작고, 체형도 좋지 않은 경우를 종종 본다.

돈이 많아야 옷을 잘 입는 것도 아니다. 소위 명품으로 치장하는 것과 자기 스타일을 가지는 것은 별개의 일이다. 오히려 돈 많은 사람이 스타일에 대한 개념 없이 비싼 명품으로 둘렀을 때 역겨움을 느낀다.

비싼 옷을 입으라는 것이 아니다. 직업의 특성과 잘 맞으면서 자신과 어울리는 스타일을 찾으라는 것이다. 풍요로운 환경에서 성장한 요즘 세대에게는 할 필요조차 없는 말이지만, 나처럼 지방에서 성장한 사람 중에 지나치리만큼 외모에 무관심한 사람에게는 꼭 해 주고 싶은 말이다.

『남자의 옷 이야기』라는 책에 나오는 남자의 옷 입기 계명이다(솔직히 여자의 옷 입기는 잘 모르겠다).

- 유행을 따르기보다 자기 스타일을 가져라. 스타일이란 자신의 생각과 생활을 표현하는 무언의 언어다.
- 옷감을 두르지 말라. 비싼 옷감을 두르는 것이 옷 입는 것이 아니다.
- 옷을 사지 말고, 옷장을 갖추어 나가라. 옷을 살 때 가지고 있는 옷과의 구색과 조화를 생각하라는 의미다. 돈 들이지 않고도 멋쟁이가 된다.
- 옷을 입는 줏대를 가져라.

53
술버릇에 자신 없으면 술 먹지 말라

사회생활에서 나쁜 술버릇은 치명적이다.
절제할 수 없다면 술을 아예 멀리하라.

"서양 사람들처럼 차나 주스 마시듯 혼자서도 자주 조금씩 마시는 일상성의 술과, 우리나라 사람들처럼 여럿이 특정한 날 짧은 시간에 많이 마시는 비일상성의 술이 있다고 한다. 비일상성의 술은 의사와 상관없이 술잔을 주거니 받거니 단위시간 안에 마냥 퍼 넣는 특징이 있다. … 술 마시고 주정하는 사람에게 우리나라처럼 관대한 나라도 없다."

〈조선일보〉의 이규태 코너에서 언젠가 본 글이다.

우리나라에서 사회생활을 하면서 빼놓을 수 없는 것 중 하나가 술이다. 비즈니스란 사람을 만나는 것인데 적당한 술자리는 서로를 가깝고 편안하게 하는 힘이 있다. 하지만 위의 지적대로 우리나라의 술 문화는 비일상성의 특징이 있다. 그래서 주량과 상관없이 폭음하고, 이런 집단적 폭음을 단합이라고 여기기도 한다.

나는 솔직히 집단적 폭음도 큰 문제는 아니라고 생각한다. 문제는 술주정이다. 폭음 자체가 타인에게 피해를 주지는 않는다. 술을 견디지 못해 자는 사람은 남에게 피해를 주지 않는다. 그러나 술을 먹고 난폭해지거나 행패를 부리는 사람은, 즐거운 자리를 아수라장으로 만들어 다른 사람에게 불편을 끼치는 피해를 준다.

학생시절에야 술주정을 애교로 봐줄 수도 있다. 그러나 사회생활은 술주정꾼에게 관대하게 대해주지 않는다. 표면적으로야 술 때문에 그런 것이니 괜찮다고는 하지만, 실제로는 술주정을 분명히 기억하고 그 사람의 인격까지 의심한다.

술버릇에 자신 없다면 술을 자제하는 것으로는 부족하다.
술을 아예 먹지 않는 것만이 해답이다.

술과 관련된 불쾌한 경험은 누구나 있을 것이다. 예를 들어 보자. 업무상 만난 사람과 좋은 관계가 되었다. 상호 간의 신뢰도 어느 정도 쌓였고, 저녁에 소주 한잔 같이 하게 되었다. 2차, 3차를 거치면서 소위 약간 꼭지가 돌자, 술주정이 시작되는데 거의 대책이 없다. 겨우 사태를 수습해서 집에 돌려보내기는 했다.

나중에 알아보니 본래 술버릇에 문제가 있는 사람이라고 한다. 다시 만나도 그 사람에게 잠재된 폭력성의 이미지를 떨쳐버리기는 어렵다. 신뢰가 가지 않고, 지속적인 관계를 유지하고 싶지도 않은 것은 자연스러운 감정이다.

술버릇은 잠재의식과 같아서 일단 발동되기 시작하면 통제하기 어렵다. 그리고 술 깨고 나면 잊어버리는 마술을 부린다. 술주정의 주인공은 술주정과 망각이 반복되지만, 술주정의 관찰자는 술주정이 반복되면서 인격에 대한 불신을 키워간다.

관찰자는 절대로 망각하지 않는다. 우리나라의 독특한 술

문화에서 관대한 척할 뿐이다. 그러니 술버릇에 자신 없다면 술을 자제하는 것으로는 부족하다. 술을 아예 먹지 않는 것만이 해답이다.

54
자신에게 맞는 운동 한 가지는 꾸준히 하라

건강이야말로 인생의 관리 대상 1호다.
한 가지 운동은 꾸준히 하는 것이 좋다.

"인생을 5개의 공을 돌리는 저글링이라고 상상하자. 각각의 공을 일, 가족, 건강, 친구, 그리고 마음이라 명명하자. 그 중 '일'은 고무공이어서 떨어뜨리더라도 다시 튀어 오르지만 다른 4개의 공들은 유리공이라서 떨어지면 깨져버려 원래의 모습으로 돌아올 수 없다.

당신은 인생에서 5개의 공들이 균형을 이루도록 노력해야 한다. 인생은 경주가 아니라 그 길의 한걸음 한걸음을 음미하는 여행이다. 어제는 역사이고, 내일은 미스테리이며, 오늘은 선물이다. 그렇기에 우리는 현재present를 선물present이라고 말한다."

더글라스 태프트(전 코카콜라 CEO)의 '새천년 밀레니엄 신년사'의 유명한 구절이다. 일에 쫓기다 보면 다른 것을 잊기 쉬운데, 그때마다 한 번씩 생각해 보는 말이다. 5가지 모두 중요하지만 가장 근본이 되는 것은 건강이다. 말 그대로 건강을 잃으면 모두 잃는 것 아니던가.

인명은 재천이라고, 불의의 사고까지 막을 수는 없다. 그러나 건강은 상당 부분 노력의 결과다. 건강하게 살려면 노력해야 한다. 담배 안 피우고, 술 절제하고, 적게 먹고 많이 움직이는 것이 좋다. 특히 꾸준한 운동은 필수적이다.

먼저 자신에게 맞는 운동을 골라서 습관으로 만들어보자. 물론 모든 운동은 좋다. 그러나 건강관리를 위한 일상의 운동을 선택할 때는 나름대로의 고려가 필요하다.

• 혼자 할 수 있는 운동이어야 한다. 상대방이 있어야 하는 운

동은 아무 때나 할 수 없다.

- 상대를 제압해서 이기는 운동은 오히려 스트레스를 가중시키고, 자신보다 상대를 의식하기 쉽다.
- 특별한 도구 없이 아무 곳에서나 할 수 있는 운동이 좋다. 퇴근 후 집이나 동네에서 간단히 할 수 있어야 한다.
- 큰돈 들이지 않고 할 수 있어야 한다.

이 기준에서 볼 때 스트레칭, 요가, 단전호흡, 달리기, 가벼운 등산 등이 가장 적합하다. 혼자서 할 수 있고, 하다 보면 재미를 느낄 수 있다.

골프, 승마, 산악자전거, 스쿠버 다이빙, 모터사이클 등 전문 스포츠를 즐기는 사람에게 운동은 레저다. 이런 사람들은 운동을 하지 말라고 해도 운동할 사람들이다. 그러나 보통 샐러리맨들은 특별한 운동을 하지 않는 경우가 많다. 이런 사람들일수록 가벼운 운동을 골라서 꾸준히 하고, 습관으로 만들 필요가 있다.

55

메모하지 않으면 실수는 필연적이다

//

갈수록 기억력은 감퇴하고 기억할 건 많아진다.
성공하고 싶다면 메모는 습관으로 만들어라.

회사생활 하면서 배운 것 중 하나가 메모다. 고백하건대 직장생활 초년까지도 메모한 기억이 없다. 일정과 전화번호 정도만 수첩에 적어놓고, 필요한 사항이 생기면 간단하게 기록했다. 그러다 10년 전 연구소에 근무할 때 동료에게서 메모하는 법을 배웠다.

그 동료는 컨설팅 회사를 다니다 연구소에 입사한 경우였다. 업무처리가 매우 효율적이었는데, 조그만 노트에다 무슨 아이디어건 적어 넣는 것이 특징이었다. 몇 달 전 회의내용도 그 동료의 노트만 보면 알 수 있을 정도로 치밀하게 노트정리를 했다. 그리고 써야 할 보고서가 생기면, 메모 노트에서 아이디어를 얻었다.

나는 이를 유심히 보고 따라 해보았다. 소위 메모의 기술을 모방해본 것이다. 그리고 이 때 시작된 메모의 습관은 지금까지도 계속되고 있다. 나 역시 몇 년 전 메모장을 아직도 보관하고 있는데, 한 번씩 유용하게 사용한다.

아이디어는 떠오르는데 볼펜이나 메모장을 꺼내기 어려운 경우가 있다. 운전을 하거나, 길을 걸어가고 있을 때다. 이럴 때는 음성메모를 활용한다.

요즘 누구나 사용하고 있는 스마트폰은 모두 녹음이 가능하다. 여기에 아이디어를 일단 녹음해두고, 나중에 정리하면 효과적이다.

나이가 들수록 기억력은 떨어지는 반면, 알아야 할 것은 늘어난다. 따라서 메모하지 않으면 실수할 수밖에 없다. 특히 비즈니스에서는 사소한 실수도 큰 문제가 되는 경우가 많기 때문에 중요한 것은 꼭 기록해야 실수가 없다.

요즘은 메모의 중요성이 많이 인식되어, 메모를 활용하기 위한 실용서적이 많이 나와 있다. 적당한 책 한 권만 사 보면 큰 도움이 될 것이다. 메모하는 법의 전문가는 많지만, 내 나름의 방법을 정리해보면 다음과 같다.

- 메모는 습관으로 만들어라.
- 아이디어가 떠오르면 그냥 적어라. 정리하려 하지마라.
- 메모하는 방식은 사람에 따라 다르다. 자신에게 맞는 방식을 찾아라.
- 메모장은 하나만 사용하는 것이 좋다. 여기저기 메모하더라도 꼭 모아놓아야 한다.
- 휴대폰, 보이스펜을 활용한 음성메모는 의외로 효과가 크다.

56
첨단기기는 적극적으로 사용해보라

도구 사용은 인간 능력의 확장을 의미한다.
내 경쟁력을 높이는 첨단기기는 적극 활용하라.

"기계는 당신 팔의 확장이다. TV는 당신 눈의 확장이다. 컴퓨터는 당신 뇌의 확장이다. 우리는 당신 꿈의 확장이다(Machine is the extension of your Arm. TV is the extension of your Eyes. Computer is the extension of your Brain. We are the extension of your Vision)."

대우그룹이 세계경영으로 한창 잘나가던 시절, 해외방송에 나오던 그룹 광고의 문구다. 캐나다의 저명한 미디어 학자인 마샬 맥루한의 『미디어의 이해』에서 개념을 가져온 광고로 지금까지도 기억에 남아있다.

이 짧은 광고문구에서 기술의 발달이 인간에게 가져온 영향을 알 수 있다. 말 그대로 도구는 팔, 다리의 확장이다. 미디어는 눈과 귀의 확장이다. 무엇보다 컴퓨터는 뇌의 확장이다.

컴퓨터가 일반인에게 보급되기 시작한 후 불과 10년 만에 기억력, 분석력을 보완해주는 도구로서의 기능은 빠른 속도로 확장되고 있다. 또한 급격한 디지털 기술의 발달은 컴퓨터를 휴대용으로 끝없이 발전시키고 있다.

유럽개발은행EBRD 총재를 지낸 프랑스의 자크 아탈리는 이러한 추세를 신유목민Nomad과 신유목물품Nomadic Objects의 출현으로 이해했다. 즉 전통적 유목민들은 생존을 위해 부싯돌, 부적, 망치, 무기 등의 유목물품을 가지고 다녔다.

21세기 현대인들은 시공간의 제약을 벗어나 활동하는 신유목민이다. 이들은 휴대전화, 노트북PC, 휴대용 저장장치 등의 신유목물품으로 무장하고 어디서나 전 세계를 상대로 활동한다는 것이다.

자신의 경쟁력을 높이기 위한

첨단기기는 적극적으로 사용해야 한다.

자크 아탈리의 말을 빌리지 않아도 디지털 기술의 발달은, 개인에게 경제활동의 시공간을 뛰어넘게 하고 있다. 그러나 이것도 새로운 첨단기기의 혜택을 활용하는 사람에게 적용되는 이야기다. 컴퓨터를 오락기 정도로 사용하는 사람에게 '컴퓨터는 인간 뇌의 확장' 운운하는 것은 웃기는 이야기다.

그러나 문명의 혜택인 첨단제품을 자신의 잠재력을 확장하고 경쟁력을 키우는 도구로 활용할 줄 안다면, 이는 커다란 자산이 된다. 하루가 멀다 하고 쏟아져 나오는 첨단 유목물품들은 개인에게 시공간의 한계를 뛰어넘어 활동할 수 있게 한다. 다양하게 출시되어 있는 스마트 모바일 기기 하나만 효과적으로 사용해도 신문을 보고, 전자책을 읽고, 동영상 강의를 듣고, 이메일을 확인하고, SNS로 전 세계와 의사소통할 수 있다. 말 그대로 신유목민의 시대가 도래한 것이다.

내 경우는 1990년대 후반 전자수첩이 처음 나왔을 때 사용해보면서, 첨단제품의 이로움을 절감한 적이 있다. 당시는 주로 수첩을 들고 다니면서 전화번호, 일정 등 개인정보를 관리했다. 자주 바뀌는 전화번호를 적어 넣고, 일정을 관리하는 것도 성가신 일이었다. 그러나 전자수첩을 사용하면서 간편하게 개인정보를 관리할 수 있었다. 필요한 전화번호나 일정을 확인하는 시간이 줄어들면서 시간을 더욱 효율적으로 사용할 수 있었다.

문명의 이기인 첨단제품일지라도 사용하지 않는 사람에게는 무용지물이 될 수밖에 없다. 자신의 경쟁력을 높이기 위한 첨단기기는 적극적으로 사용해야 한다.

57
취미라도 한 분야에 정통할 필요가 있다

//

한 분야에 정통하면 다른 분야를 이해하기도 쉬워진다.
취미조차도 적당히 대충 알고 넘어가지 않는 습관을 가져라.

남보다 앞선 사람들의 공통점 중 하나는 진지함이다. 업무뿐 아니라 개인적 취미에서도 철저히 탐구하고, 이해하려 하는 태도가 있다. 이들은 취미조차도 적당히 대충대충 알고 넘어가지 않는 태도가 돋보인다.

취미는 다양하다. 바둑, 골프, 등산, 스포츠, 사진, 음악, 미술, 영화, 연극, 자동차, 난 기르기, 개 기르기 등 얼마든지 있다. 이것들 중 한 분야에 정통하다는 것은 통찰력을 가지고 사물을 볼 줄 아는 능력이 있다는 것으로, 한 부분에 정통하다는 것은 다음과 같은 의미가 있다.

- 끈질기게 파고드는 집요함이 있다.
- 부분과 전체를 보면서 사안에 체계적으로 접근한다.
- 자기 시각으로 사물을 볼 줄 안다.
- 자기보다 많이 아는 사람에게 배울 줄 안다.
- 자기업무 분야 외에 화제를 풍부히 이끌어갈 수 있다.

세상만물의 이치는 통하는 측면이 있다. 한 분야에서 정통하다는 것은 다른 분야도 충분히 이해할 능력이 있다는 것을 의미한다.

흔히 골프를 자기와의 싸움이라고 하는데, 실제로 성질 급하고 차분히 자신을 돌아보지 못하는 사람이 골프를 잘 치거나, 골프 폼이 좋은 경우를 별로 보지 못했다. 바둑을 인생에 비유하기도 하는데, 실제 바둑 잘 두는 사람은 현실을 보는 호흡이 길다는 느낌을 받을 때가 많다. 만화를 많이 본 사람은 상상력이 풍부하고, 엉뚱하지만 기발한 아이디어가 많이 나온다. 만화 보는 취미조차도 깊이가 있다면 창조적 상상력의 원천이 된다.

삼성 이건희 회장의 사색과 취미는 기업경영과 바로 연결되는 것으로 유명하다. 승마, 골프, 자동차 수집, 개 기르기, 영화 보기 등은 그가 글로벌 경영을 이끌어나가는 중요한 상상력의 원천이라고 한다. 특히 개 기르기는 삼성이 맹인들을 위해 벌이는 맹도견 분양사업으로 연결되기도 했다.

당신에게 개인적 취미가 있다면, 어떤 분야든지 깊이 있게 이해하고, 최고수준을 한번 추구해보기 바란다. 이 과정에서 많은 것을 얻을 것이다. 한 부분에 정통해진다는 것은 곧 다른 부분에 정통해질 능력을 키우는 것이기 때문이다. 자기가 좋아서 하는 것도 제대로 이해해 보지 못한 사람은 다른 부분도 제대로 이해하기 어렵다.

58
회의 시작 전에 할 말을 먼저 정리하라

어떤 일이든지 약간의 준비가 큰 차이를 가져온다.
회의가 많다고 투덜거릴 시간에 사전 준비를 하라.

한 회사를 가장 빨리 파악하려면, 직원들의 회의에 참석해 보면 된다. 회의하는 방식과 수준은 회사의 모든 것이 녹아 있는 결정체이기 때문이다. 마찬가지로 회의에 임하는 직원들을 보면, 그 직원의 기량과 태도를 알 수 있다.

회사생활은 회의의 연속이다. 상사나 직원들, 고객들과 만나고 이야기하는 것은 중요한 업무다. 상황에 따라 회의방식도 다양하다. 지시사항을 전달 받는 회의, 해결책을 모색하기 위한 토론형 회의, 정보를 교류하기 위한 모임형 회의, 다양한 의견을 듣고자 하는 세미나형 회의가 있다.

회의의 유형에 따라 진행하는 방식이 달라져야 하는 것처럼, 참석자도 그에 맞는 준비를 해야 한다. 아무 생각 없이 회의에 참석해서, 별생각 없이 듣다가 생각나는 대로 말해서는 안 된다.

쓸데없는 회의가 많다고 투덜거리기 전에, 참가자로서 회의에 어떤 기여를 할 것인지를 먼저 생각할 줄 알아야 한다. 회의는 소집한 사람 혼자서 하는 것이 아니기 때문에, 회의가 쓸데없이 흘러가는 것은 참가한 사람에게도 책임이 있다. 나름대로 준비해와서, 합리적인 의견을 제시하는 사람은 투덜거릴 자격이라도 있다. 그러나 준비 없이 와서 멍청하게 앉아 있는 사람은 투덜거릴 자격도 없다.

회의가 있으면 참석하기 전에 준비를 해야 한다. 회의의 목적, 배경, 참석자, 주제, 예상되는 결론을 먼저 생각해 보는 것이다. 관련된 자료가 있으면 사전에 읽어보고 핵심적 내용을

회의는 자신을 알리고
좋은 평가를 얻기 위한 좋은 기회다.

이해해야 한다. 다음으로 회의에서 자신이 할 말을 한 번 생각해 보라. 생각이 정리되면 키워드라도 미리 노트에 적어놓고, 회의에 참석하면 큰 도움이 된다.

회의 준비는 많이 하지 않아도 효과가 크다. 이는 학교 다닐 때 예습하는 것과 똑같다. 예습은 꼼꼼히 하지 않아도 된다. 회의의 대략적인 주제만 파악해도 큰 도움이 되는 것과 마찬가지다.

당신이 회의 참석자가 아니라 진행자라면 이야기는 달라진다. 책임이 커지는 만큼 준비를 더 할 수밖에 없다.

회의 주제와 핵심이슈를 파악하는 것은 기본이고, 참석자들의 성향에 대해서도 이해를 해야 한다. 의미 있는 결론을 도출하기 위한 전체적 회의 진행도 미리 생각해 두어야 한다.

조직생활은 회의를 통해서 사람을 알게 되는 경우가 많다. 직접 일을 같이 하는 것보다, 회의를 통해서 서로 알리고 평가받는 것이다. 따라서 회의는 자신을 알리고 좋은 평가를 얻기 위한 좋은 기회다. 그리고 약간의 사전 준비가 가져오는 결과의 차이는 생각한 것보다 크다.

59
돈에 대한 철학을 세워라

돈과 결혼하지는 말라. 그러나 돈과 친해져야 한다.
돈과 친해진다는 것은 돈에 대한 자기관점을 가진다는 의미다.

누구나 부자를 꿈꾼다. 그러나 아무나 부자가 되는 것은 아니다. 부자가 되려면 노력해야 하고, 운이 따라야 한다. 노력하면 작은 부자는 될 수 있다. 그러나 큰 부자는 운이 따라야 한다. 그래서인지 10억 부자는 노력하면 가능하고, 100억 부자는 운이 따라야 하고, 1천 억대 부자는 하늘에서 내린다는 말도 있다. 나는 이 말에 전적으로 공감한다. 나 자신이 직접 느꼈기 때문이다.

예전에 증권사 지점에서 일하면서 다양한 사람을 접할 수 있었다. 그 중에는 매일 아침 지점에 출근하면서 하루 종일 주식만 보는 사람들이 있었다. 시세도 잘 보고, 정보도 많아 증권사 영업사원들이 물어볼 정도의 고수들이었다.

이들을 1년여간 지켜보았더니, 모두 돈을 버는 것은 아니었다. 나름의 고수들도, 운이 따라주지 않거나 순간적인 판단 착오 때문에 큰 손실을 보기도 했다. 나는 이들을 지켜보면서 큰돈은 노력한다고 버는 것만은 아니고, 운도 따라야 한다는 생각을 했었다.

인생을 살아가면서 돈에 대한 관점을 올바로 가지는 것은 매우 중요하다. 돈이 인생의 목표가 되어서도 안 되지만, 돈이 없이는 살아갈 수가 없다. 그래서 돈과 결혼해서도 안 되지만, 돈과 친해져야 삶에서 선택할 수 있는 것들이 생긴다.

돈과 친해진다는 것은, 돈을 알고 돈에 대한 자기관점을 가진다는 의미다. 돈에 대한 건전한 철학이 없으면 극단으로 흐르기 쉽다. 돈 자체를 경멸해 정상적 경제활동이 어렵게 되거나, 돈에 집착이 지나쳐 수전노가 되다시피 하는 것이다.

내 나름대로 생각한 돈에 대한 관점이다.

- 돈은 인생에서 꼭 필요한 것이다. 돈도 자신을 경멸하는 자는 멀리한다.
- 돈으로 모든 걸 해결할 수 없다. 그러나 돈이 없으면 많은 문제가 해결되지 않는다.
- 인생계획을 세운다면, 돈에 관한 계획도 함께 세워야 한다.
- 돈 없다는 한탄이 돈을 벌어주지 않는다.
- 돈에 대해 알아야 돈을 모으거나 벌 수 있다. 기본적인 재테크 지식은 갖춰라.
- 작은 부자는 노력과 절약으로 가능하다.
- 큰 부자는 하늘이 낸다. 의지와 노력만으로 되지 않는 부분이 있다.
- 돈 자체가 삶의 목표가 되어서는 안 된다.
- 돈은 목표를 위한 수단이다. 그러나 수단이 없으면 목표는 실체 없는 꿈이 되기 쉽다.

60

재정적 독립 없이 개인적 정의 없다

남에게 손 벌리는 사람은 개인적 정의를 얻기 힘들다.
자신의 생활에 필요한 돈은 자신이 벌어야 떳떳하다.

사람은 자신에게 돈 주는 사람에게 제일 약한 법이다. 재정적으로 의존하면서 사회적 독립은 있을 수 없다. 자신의 생활에 필요한 돈은 자신이 벌어야 떳떳하다. 나이가 들어서도 재정적 독립을 못하면, 부모조차도 부담스러워 하는 것이 엄연한 현실이다.

재정적 독립은 한마디로 남에게 손을 벌리지 않고 먹고 사는 것이다. 그러기 위해서는 직장과 일정한 수입이 있어야 한다. 그리고 돈을 버는 것보다 쓰는 것이 적어야 한다. 좋은 직장에 다니면서 봉급을 많이 받아도, 씀씀이가 헤퍼서 빚이 늘어나거나 부모님께 손을 벌린다면 이는 결코 재정적으로 독립한 것이 아니다.

돈을 많이 벌든 적게 벌든 상관없이 수입의 범위 안에서 지출하는 것이 아주 중요하다. 직장생활 초기에 산전수전 다 겪은 상사가 해준 말을 다시 후배들에게 해주고 싶다.

"항상 70% 정도로 쓰고 사는 것이 좋다. 자기 수입의 70%를 실제 수입이라고 생각해라. 자동차도 조금 작은 것 타고, 옷이나 가구도 조금 낮춰서 사용해라. 소득에 맞추어 씀씀이가 늘어나기는 쉽지만, 줄이기는 의외로 어렵다."

1980년대 후반 증권회사 직원들은 '우리사주'라고 하는 그야말로 로또복권을 만났다. 사장부터 직원까지 엄청난 돈을 순식간에 거머쥐고 흥청망청하던 시절이었다. 새파란 나이에 목돈을 쥔 대부분 직원들의 씀씀이가 커진 것은 당연했다.

그 후 주식시장이 침체에 빠지고 직원들의 수입은 줄었건만, 씀씀이는 쉽게 줄어들지 않았다. 그러다가 결국 주가폭락과 함께 재산을 날리고, 늘어난 빚에 채여 인생까지 금간 경우를 많이 보았다. 나는 다행인지 불행인지 우리사주 혜택을 받지 못했지만, 지금 생각하면 오히려 잘된 일인 듯도 싶다.

사회생활을 시작했다면 재정적 독립이 무엇보다 우선이다. 남에게 손을 벌리지 않아야 떳떳하다. 항상 수입과 지출 간의 균형을 생각하라. 균형이란 깨어지기는 쉽다. 그러나 한 번 깨어진 균형을 회복하기란 대단히 어렵다.

사회생활을 시작했다면 재정적 독립이 무엇보다 우선이다.
항상 수입과 지출 간의 균형을 생각하라.

『김경준의 어떻게 일해야 하는가 시리즈』 저자와의 인터뷰

Q. 『김경준의 어떻게 일해야 하는가 시리즈』에 대해 소개해주시고, 이 시리즈를 통해 독자들에게 전하고 싶은 메시지는 무엇인지 말씀해주세요.

A. 10여 년간의 직장생활을 통해 시장경제에서 기업의 본질, 사회생활의 의미 등에 대해 저의 생각을 정리한 책입니다. 2003년 첫 출간 후, 일부 내용을 수정·보완해 2015년 개정판을 재출간하게 되었습니다.

그때나 지금이나 저의 기본 관점은 여전히 변함이 없습니다. 고객을 위한 가치 창출과 교환이 근간인 시장경제에서, 조직이 형성되고 합리적 리더십이 확립되며 구성원들의 팔로워십이 갖추어져 지속적으로 기업이 발전할 수 있도록 하는 근본적 요소는 개방적 문화, 건전한 경쟁, 합리적 보상입니다.

현실을 직시하고 합리적 대안을 모색하는 조직이 성공하기 마련입니다. 특히 리더십이나 자기계발 영역에서 소통이나 힐링, 치유와 같은 단어를 내세우며 막연하게 자기위안을 반복하면서 현실을 호도하는 경우가 많은 상황에서, 저의 경험에 근거해 솔직한 이야기를 전달하고자 합니다.

Q. 세상에 쉬운 일이 없듯이 회사를 제대로 경영하는 것 또한 쉽지 않은 일입니다. 잘되는 회사를 경영하는 사장들은 어떤 특징을 가지고 있나요?

A. 공통적인 특징으로는 비전, 리더십, 신뢰, 소통능력, 책임감, 전문성 등의 덕목을 꼽을 수 있지만, 저는 호기심과 열정, 긴장감의 유지를 강조하고 싶습니다. 현실에 안주하지 않고 새로운 영역으로 계속 확장해 나가려는 호기심과 열정이 조직에 에너지를 불러일으키고, 또한 과거의 성공에

도취하지 않고 지속적으로 건전한 긴장감을 불러일으키는 능력이 내면적인 기초체력을 확충시킨다고 봅니다.

Q. 잘되는 회사의 사장은 지갑을 열 때 그에 합당한 이유를 찾는다고 하셨습니다. 신규사업을 할 때 사장이라면 가장 중요하게 여겨야 하는 점은 무엇인가요?

A. 신규사업은 유행에 휩쓸리는 성급함을 가장 경계해야 합니다. 특히 호황기에 예외 없이 반복되는 신규사업 진출의 붐에서 낭패를 보는 경우가 많습니다. 1990년대 후반 IT 산업, 2000년대의 벤처붐과 녹색산업 열풍이 그러한 사례입니다.

또한 관련지식과 인내가 중요합니다. 조직 내부적으로 해당산업의 기본요소를 충분히 이해할 수 있어야 합니다. 다음은 인내입니다. 벼도 씨를 뿌리고 여름이 지나야 결실을 맺듯이 신규사업도 일정한 시간이 필요합니다.

마지막으로는 '아니다.'라는 확신이 들면 과감히 접는 과단성이 필요합니다. 소위 경로 의존성, 한 번 발을 들여놓으면 매몰비용 때문에 계속해서 손실을 키우는 경우가 많기 때문입니다.

Q. 잘되는 회사의 사장은 우왕좌왕하지 않고 본질적인 변화를 장기간 꾸준하게 추구한다고 하셨습니다. 본질적 변화의 의미에 대해 자세히 알려주세요.

A. 요즘은 기업경영의 정보가 넘쳐나고 유행도 급변합니다. 본질적 변화란 일시적 유행에 휩쓸리지 않고 기업의 본원적 경쟁력을 확보하는 것입니다.

KBS 〈개그콘서트〉는 수많은 유행어를 만들어내면서 이제는 단순한 예능프로그램의 차원을 넘어 변화와 혁신의 아이콘으로 부각되었습니다. 무려 15년간 성공을 이어올 수 있었던 비결은 경쟁-협업-기획의 공정하고 치열한 시장경제, 구성원들의 팀워크, 긴 안목의 기획력이라는 3박자가 맞아 돌아가기 때문입니다. 지속가능한 경쟁력이 확보되었기에 인기 개그맨이 빠져나가도 계속 새로운 유행을 만들어내면서 그 인기를 유지하고 있습니다. 기업경영도 이와 마찬가지입니다.

Q. 중견간부인 팀장이 되면 팀장이 되기 전과는 전혀 다른 차원의 일을 해야 한다고 하셨습니다. 조직에서 원하는 팀장의 일이란 어떤 것인가요?

A. 사원시절에는 직장생활에 대한 회의, 다른 업종에 대한 부러움, 자신이 선택하지 않은 길에 대한 동경이 용납됩니다. 그러나 중견간부인 팀장이 됐다는 것은 리더십의 대상자에서 리더십의 주체자로서의 역할이 시작됨을 의미합니다. 팀장이라면, 세상을 인식하고 조직과 인간을 이해하는 수준을 한 단계 높여서 바라보는 시점을 가져야 합니다.

팀장이 가장 명심해야 할 점은 '목표 지향적' 조직운영입니다. '야신(야구의 신)'이라는 별명으로 불리는 김성근 감독은 다음과 같이 말합니다.

"일을 하면 반드시 결과가 나와야 한다. 승부는 이기기 위해서 하는 거다. 지려고 하는 게 아니다. 지면 그 손해는 선수에게 간다. 조직에 플러스 되면 나에게 마이너스가 되더라도 나는 그렇게 한다."

Q. 팀장은 상인적 지식으로 무장한 혁신가여야 한다고 하셨습니다. 팀장이 갖춰야 할 상인적 지식이란 개념은 어떤 의미인가요?

A. '북 스마트book smart' '스트리트 스마트street smart'라는 단어가 있습니다. 책을 통해 풍부한 지식과 화려한 언변을 갖추었으나, 정작 현실대처 능력이 부족한 사람을 북 스마트라고 합니다. 반면 스트리트 스마트는 현장에서 쌓은 풍부한 경험을 바탕으로 현실의 문제점을 해결하고 어려운 상황을 헤쳐 나가는 능력이 있는 사람을 말합니다. 상인적 지식이란 바로 스트리트 스마트를 이야기하는 것입니다.

특히 기업경영의 현장에서 북 스마트는 분명한 한계를 가집니다. 물론 지식이 무의미하다는 것은 아니지만, 핵심은 경험에 기반한 스트리트 스마트에 있다는 것입니다.

Q. 팀장이라면 팀원의 의견에 귀를 기울이는 것과 '민주'라는 단어를 분명히 구분해야 한다고 하셨습니다. 이 둘 사이에는 어떤 차이가 있나요?

A. '민주民主'라는 단어는 막연하고 실체도 없는 구호에 생명력을 부여하는 힘이 있습니다. 이 단어는 모호한 뜻만큼

다양하게 해석되지만, 정치적 의사결정에 국한해서 생각하면 '1인 1표에 의한 다수결에 따라 확보하는 정당성' 정도로 해석할 수 있습니다.

그러나 기업은 완전히 다른 영역입니다. '민주적 정당성'보다는 '합리적 분업구조'가 조직구성의 원칙이기 때문입니다. 즉 기업은 합의제로 운영될 수 없는 존재입니다.

소위 '민주적'으로 운영되는 팀이란 존재할 수 없으며, 원칙에 따라 합리적으로 운영되는 팀이 있을 뿐입니다. 물론 함량미달의 팀장과 탁월한 리더십의 팀장이 내리는 지시가 같을 수는 없겠지만, 이런 상황과 조직운영의 원칙은 별개의 문제입니다.

Q. 회사생활은 자기 인생의 CEO가 되는 훈련과정이라고 하셨습니다. 자기 인생의 CEO가 된다는 것은 어떤 의미인가요?

A. 자기 인생의 많은 부분을 자기 자신이 결정할 수 있는 사람을 뜻합니다. 회사생활은 시장경제에서 기업의 본질, 복잡한 조직의 역학관계, 사람들 간에 발생하는 갈등 등 인

간이 살아가는 현실에 대한 본질적 통찰력을 제공합니다. 이런 점에서 회사생활을 통해 자신의 길을 찾고 개척할 수 있는 경험을 축적하고 역량을 키워나가는 것이 중요합니다.

물론 조직에서의 성패가 100% 개인의 역량으로만 좌우되지는 않습니다. 자신의 역량만으로는 설명할 수 없는 변수가 있기 때문입니다. 그러나 자신의 역량에 기초한 성취만큼 한 인간의 삶을 자부심으로 가득 채우는 것은 없습니다. 결국 '자신을 발견하고 자신을 키워나가며 자기 인생의 주도자가 되기 위해 노력'하는 과정이 회사생활인 것입니다.

Q. 회사생활을 밥벌이로만 생각한다면 미래는 없다고 강조하셨습니다. 회사생활을 통해 우리가 잊지 말아야 하는 것은 무엇인가요?

A. 밥벌이는 누구에게나 지겹고 힘겹지만, 사람들은 밥을 버는 경험을 통해 변화하고 발전할 수 있습니다. 밥벌이에서 얻은 경험, 지혜, 안목, 사람을 통해서 더 넓은 세상을 접

하고, 그 속에서 자신의 가능성을 찾고 키워나갑니다.

저는 자기 손으로 밥벌이하는 것을 큰 행복이라고 생각합니다. 그리고 밥벌이를 하는 것에 자부심을 가지라고 말하고 싶습니다. 많든 적든 자신이 벌어서 처자식을 먹이고, 가족이라는 울타리를 유지하는 것은 이른바 '밥벌이의 즐거움'입니다.

Q. 직장인으로서 학벌 등의 스펙이 좋지 않다면 PSD 정신으로 더욱 무장하라고 당부하셨습니다. PSD 정신에 대해 자세히 알려주세요.

A. 미국 뉴욕의 금융거리인 월가의 대형 투자은행인 베어스턴스라는 회사가 있었습니다. 1923년 창사 후 흑자행진을 계속했고 독특한 신입직원 선발기준이 있는 것으로 유명했습니다. 월가의 투자은행들은 보통 아이비리그 명문대학의 MBA 출신을 선발합니다. 반면에 베어스턴스는 PSD란 독특한 기준이 있었습니다. PSD란 가난하고Poor, 똑똑하고Smart, 부자가 되고자 하는 강한 욕망Deep desire to become rich을 가진 사람을 뜻합니다. 『회장님의 메모』라

는 책의 저자로 유명한 이 회사의 앨런 그린버그 회장도 PSD에 해당되었습니다. 2008년 글로벌 금융위기 사태로 2008년 JP모건에 피인수되었지만, PSD가 성장시켰던 역사는 교훈으로 남아있습니다.

스마트폰에서 이 QR코드를 읽으시면
저자 인터뷰 동영상을 보실 수 있습니다.

* 원앤원북스 홈페이지(www.1n1books.com)에서 상단의 '미디어북스'를 클릭하시면 이 책에 대한 더욱 심층적인 내용을 담은 '저자 동영상'과 '원앤원스터디'를 무료로 보실 수 있습니다.
* 이 인터뷰 동영상 대본 내용을 다운로드하고 싶으시다면 원앤원북스 홈페이지에 회원으로 가입하시면 됩니다. 홈페이지 상단의 '자료실-저자 동영상 대본'을 클릭하셔서 다운로드하시면 됩니다.

36년간의 실전 경험을 담은 살아있는 성공지침서

길을 찾아라. 아니면 만들어라

현병택 지음 | 값 14,000원

이 책은 36년간의 열정을 담은 업무노트이자 그간의 삶에 대한 진솔한 기록이다. 저자가 은행원에서 출발해 부행장을 거쳐 경제방송 방송사 대표에 이르기까지, 다양한 분야에서 만난 사람들과의 영업 이야기와 마케팅 노하우, 정곡을 찌르는 영업 비책까지 어느 책에서도 보기 힘든 이야기들을 보여준다. 이 책을 통해 비즈니스맨으로서 그간 지나온 길을 되돌아보며 앞으로 나아가야 할 바를 분명하게 정립할 수 있을 것이다.

매력적인 한 줄을 발견하기 위한 45가지 방법

마음을 움직이는 한 줄의 카피 쓰기

박상훈 지음 | 값 15,000원

많은 사람들이 누군가를, 어떤 조직을 설득하기 위한 최종병기를 찾고 있다. 이 책은 이러한 높은 관심에 부응해 매력적인 한 줄 쓰기 방법을 다룬다. 광고카피 초창기 시절부터 유명한 카피를 만들어냈던 저자의 실전 경험이 책 속에 잘 녹아들어 있다. 현 시대는 장황한 설명보다는 핵심을 꿰뚫고 정곡을 찌르는 한 줄의 카피가 필요하다. 톡톡 튀는 아이디어와 감각적인 사례를 통해 흥미롭게 접근하고 있다.

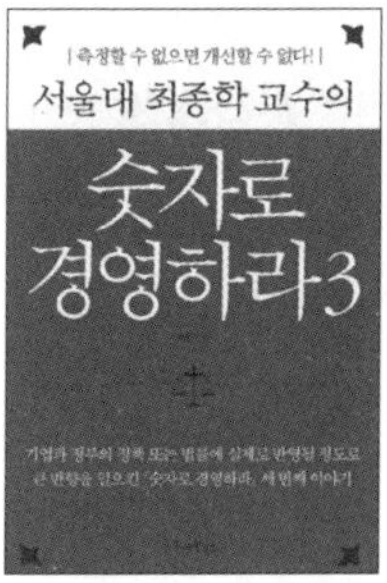

측정할 수 없으면 개선할 수 없다

서울대 최종학 교수의 숫자로 경영하라 3

최종학 지음 | 값 19,500원

서울대학교 교수이자 손꼽히는 대한민국 경영대가 최종학 교수의 세 번째 역작이다. 전작에서 전략적 이슈와 관련된 회계 전문 지식으로 큰 반향을 불러일으킨 후 2년 만에 내놓는 신작이다. 과학적 발견과 논리에 근거해 여러 기업 사례의 핵심을 파악하고 대안점을 제시했던 최종학 교수는, 이번 책에서 더 날카로운 시각과 시대적 흐름을 읽는 혜안으로 경영의 핵심을 파고든다.

아나운서 이서영의 매력 스피치!

예스를 이끌어내는 설득 대화법 52

이서영 지음 | 값 15,000원

스피치 커뮤니케이션 전문가이자 프리랜서 아나운서인 저자가 그동안 쌓아온 강력한 설득 대화법 노하우를 공개한다. 저자는 그동안 각종 스피치 현장에서 몸소 느끼고 뼈저리게 체험하며 진솔한 휴먼 커뮤니케이션 방법을 체득할 수 있었다. 저자는 이 책을 통해 얄팍한 대화술에서 벗어나 완전한 공감을 이루어 승승장구할 수 있는 비결을 알려준다.

★ 원앤원북스는 독자의 꿈을 사랑합니다.

정말 연애하고 싶다, 사랑하고 싶다

연애하면 왜 아픈 걸까

허유선 지음 | 값 15,000원

연애가 쉽지 않아 고민과 생각이 깊어질 때는 생각의 함정을 돌아보는 시간이 필요하다. 이 책은 연애를 어렵게 만드는 내 안의 특징을 찾고, 사랑에 관해 잘못 생각하는 부분을 발견해 문제 해결 방법을 모색하도록 이끈다. 이미 사랑에 뛰어든 사람에게는 연인을 이해하는 지침서가 될 것이고, 연애 한번 제대로 해보고 싶은 사람에게는 달콤한 연애의 시작을 울리는 책이 될 것이다.

이재술 딜로이트 대표가 들려주는 경영이야기

CEO처럼 생각하고 행동하라

이재술 지음 | 값 15,000원

기업을 이끌어야 하는 CEO와 정책을 입안해야 하는 정부 관계자에게 우리나라의 사회와 경제에 대한 비전과 혜안을 제시하는 책이다. 기업의 CEO에게는 글로벌 기업으로 성장하기 위한 전략을 제시하고, 정부 관계자에게는 정책의 방향을 조언한다. 또한 개인에게는 한국 사회와 경제를 좀더 넓게 바라볼 수 있도록 안목을 길러준다. 이 책을 읽고 나면 한국 사회와 경제에 대해 체계적인 사고의 틀이 잡힐 것이다.

솔직하게 자신을 드러낼 때 행복이 찾아온다

원하는 것을 당당하게 말하라

로버트 알버티 · 마이클 에몬스 지음 | 박미경 옮김 | 값 15,000원

전 세계에서 20여 개의 언어로 번역 출간되어 200만 부 이상 판매된 이 책은 자기주장을 통해 만족스러운 삶으로 가는 길을 안내한다. 이 책의 공저자 로버트 알버티와 마이클 에몬스는 미국의 저명한 심리학자로 40년 전부터 자기주장에 대해 연구해왔다. 2명의 심리학자가 오랜 세월 축적한 연구 결과가 이 한 권의 책에 모두 담겨 있다. 자기주장은 개인의 무력감이나 타인의 조종에 대응하는 하나의 대안이다.

인구통계라는 렌즈를 통해 미래를 예측한다!

다가올 10년, 세계경제의 내일

클린트 로렌 지음 | 삼정KPMG 경제연구원 감수 | 강유리 옮김 | 값 16,000원

이 책은 현재의 세계 인구통계 데이터를 기반으로 향후 10~20년 후의 미래 인구통계 추이를 전망함으로써 세계경제의 미래상을 그린다. 이 책의 저자 클린트 로렌은 세계 기업들을 대상으로 시장과 사업 계획에 관한 컨설팅을 제공하는 인구통계 전문 기관 글로벌 데모그래픽스의 창립자 겸 대표이사다. 그는 객관적인 데이터와 체계적인 분석으로 미래 전망을 공상과학소설의 범주에서 끄집어내어 현실 세계로 가지고 온다.

독자 여러분의 소중한 원고를 기다립니다

원앤원북스는 독자 여러분의 소중한 원고를 기다리고 있습니다. 집필을 끝냈거나 혹은 집필중인 원고가 있으신 분은 khg0109@hanmail.net으로 원고의 간단한 기획의도와 개요, 연락처 등과 함께 보내주시면 최대한 빨리 검토한 후에 연락드리겠습니다. 머뭇거리지 마시고 언제라도 원앤원북스의 문을 두드리시면 반갑게 맞이하겠습니다.